삶의 香氣

삶의 香氣

초판 1쇄 발행 2025년 7월 17일

지은이 정재수
펴낸이 장길수
펴낸곳 지식과감성⁺
출판등록 제2012-000081호

교정 이주희
디자인 김희영
편집 김희영
검수 정은솔, 정윤솔
마케팅 김윤길

주소 서울시 금천구 벚꽃로298 대륭포스트타워6차 1212호
전화 070-4651-3730~4
팩스 070-4325-7006
이메일 ksbookup@naver.com
홈페이지 www.knsbookup.com

ISBN 979-11-392-2679-9(03810)
값 12,000원

- 이 책의 판권은 지은이에게 있습니다.
- 이 책 내용의 전부 또는 일부를 재사용하려면 반드시 지은이의 서면 동의를 받아야 합니다.
- 잘못된 책은 구입하신 곳에서 바꾸어 드립니다.

지식과감성⁺
홈페이지 바로가기

2025

세 번째 시집

삶의 香氣

- 정재수 -

인사 말씀

삶의 香氣

저자는 시집 3권째를 세상에 내놓습니다.
해를 거듭할수록 지금까지 살아온 삶에 대하여 다시 생각하게 되었습니다. 생존을 위해서 살아온 것인지, 삶에 의미를 부여해 오면서 살아왔는지 성찰하지 않을 수 없습니다.

삶의 주변, 여러 가지 사물을 관찰, 보고 느낀 것을 메모하면서 詩라는 이름을 빌려 표현하고 싶을 때가 많습니다. 감동적인 것도 있지만 반성할 것도 많습니다. 혼자 생각하고 그치기엔 아쉬움이 있어 동료들과 토론하고 싶을 때도 있습니다. 이번의 제3시집도 이러한 저자의 뜻을 모은 것입니다.

꽃이 향기로 나비와 벌을 부르고 꽃가루를 주며 공존하듯, 우리의 삶에도 향기가 인격으로 승화하여 아름다운 사회가 된다면 얼마나 좋을까. 그리고 우리의 삶에 은혜와 감사를 주는 자연에 최소한도의 報恩으로서 자연 사랑과 예찬으로 이를 표현하고 싶었습니다.

詩는 함축성의 표현으로 감성적, 의지적, 사색적 내용이 중심을 이루나 저자는 평이한 詩語를 통해서 마음을 표현하되, 평소 세상에 하고 싶은 메시지에 비중을 두었습니다.
안타까운 것은 詩를 같이 쓰고 도우며 부부 시집을 함께 발간했던 아내가 병마로 오래 고생하다가 하늘나라로 갔습니다.

아내와의 사별은 견디기 너무 힘들고, 삶의 낙을 상실한 적막강산의 슬픔입니다. 그러나 "詩를 계속 쓰라"라는 아내의 유언을 마음에 새기고, 詩를 쓰고 다듬으며 슬픔을 하루하루 견디어 왔습니다. 詩를 사랑하는 모든 시인 그리고 잠재적 시인 여러분과 詩의 세계에서 동지애를 나누는 계기가 된다면 큰 힘이 되겠습니다.
　가정에 건강과 행복이 늘 함께 하시기를 기원합니다.

2025. 7. 15. 저자 정 재 수 拜

목차

인사 말씀　　　… 4

제1부 삶의 시간과 공간

인 생 길	… 14	언 약	… 28
인생 예찬	… 15	우 산	… 29
인생의 가치	… 16	쉼 표	… 30
산다는 건	… 17	혼 자	… 31
인 생 철 학	… 18	물 레 방 아	… 32
삶의 향기	… 19	호수의 파문	… 33
인생의 사계절	… 20	인 생 관	… 34
인 생 행 로(行路)	… 21	세월의 흔적	… 35
인 생 극 장	… 22	추억의 일기장	… 36
여 로(旅路)	… 23	낙엽 소리	… 37
삶의 추(錘)	… 24	시(詩)와 인생	… 38
삶의 날개	… 25		
안 개	… 26		
삶의 여백(餘白)	… 27		

제2부 사랑하며 산다는 것

사랑의 거리	⋯ 40	사랑의 상처	⋯ 54
사랑의 맹세	⋯ 41	사랑의 시효	⋯ 55
사랑의 날개	⋯ 42	사랑의 길	⋯ 56
사랑의 모양	⋯ 43	사랑의 빛	⋯ 57
사랑의 힘	⋯ 44	우정의 승화(昇華)	⋯ 58
사랑의 기도	⋯ 45	사랑은 씨앗	⋯ 59
꽃 사랑	⋯ 46	사랑의 재발견	⋯ 60
나 그대	⋯ 47	사랑의 두레박	⋯ 61
홍시 사랑	⋯ 48	한(限)의 한(恨)	⋯ 62
네 발자국	⋯ 49	사랑의 운명	⋯ 63
못 잊어	⋯ 50	사랑의 메아리	⋯ 64
사랑은 술래잡기	⋯ 51		
내가 만약	⋯ 52		
사랑의 주소	⋯ 53		

제3부 시간의 교훈

오늘 하루	… 66	세월이 가도	… 80
세월의 한(恨)	… 67	시간의 절약	… 81
신 진 대 사	… 68	애 물 단 지	… 82
시간의 연기력	… 69	시간의 속도	… 83
세월의 마력	… 70	미 래	… 84
배 신 자	… 71	불 청 객	… 85
죽어도 사는 법	… 72	때가 되면	… 86
세월 따라	… 73	무 죄	… 87
세월을 탓하랴	… 74	어어 하다가	… 88
세월의 보상	… 75	잔인한 침묵	… 89
오 늘	… 76	시간은 금	… 90
세월이 약	… 77		
싸 움	… 78		
흘러간 시간	… 79		

제4부 뜻으로 본 세상사

힘들 때는	… 92	참 사 랑	… 106
외로워 말자	… 93	낙조의 낭만	… 107
마음은 어디에	… 94	꿈 나 무	… 108
지우지 마	… 95	나를 우리로	… 109
줄 서 기	… 96	재 능	… 110
맹 종(盲從)	… 97	삶의 변화	… 111
추 월	… 98	낙 엽 귀 근(落葉歸根)	… 112
초 월	… 99	갈 등	… 113
설 경(雪景)	… 100	짐	… 114
안 식 처	… 101	거 울	… 115
이런 사람	… 102	삶의 재음미	… 116
정리하라고?	… 103		
장미 일생	… 104		
재 발 견	… 105		

제5부 삶의 재조명

365 계단	⋯ 118	편 향(偏向)	⋯ 132
길은 멀어도	⋯ 119	행복의 주소	⋯ 133
자랑거리	⋯ 120	기 다 림	⋯ 134
모난 돌	⋯ 121	용 서	⋯ 135
너와 나	⋯ 122	신 의(信義)	⋯ 136
정의 실종	⋯ 123	산책로 사랑	⋯ 137
울 타 리	⋯ 124	다 양 성(多樣性)	⋯ 138
구름의 연출	⋯ 125	걸음 따라	⋯ 139
화 합	⋯ 126	고 독	⋯ 140
꽃의 애환(哀歡)	⋯ 127	꿈	⋯ 141
국화 한 송이	⋯ 128	데스 매치	⋯ 142
몰랐을까?	⋯ 129		
마음의 문	⋯ 130		
나도 모르면서	⋯ 131		

제6부 자연 예찬

해님 은혜	… 144	고 목	… 158
자연의 낭만	… 145	봄의 선물	… 159
아침 햇살	… 146	봄비의 미소	… 160
해님의 교훈	… 147	그림의 떡	… 161
별의 추억	… 148	미운 바람아	… 162
산(山) 사랑	… 149	먹 구 름	… 163
춘 하 추 동	… 150	자연의 배신	… 164
흙	… 151	파도의 도전	… 165
흙의 절규(絶叫)	… 152	낙엽의 색깔	… 166
꽃의 운명	… 153	낙과(落果)의 슬픔	… 167
난초 두 송이	… 154	하얀 눈	… 168
야 생 화	… 155		
포도 터널	… 156	인생 여정(旅程)	… 170
나무는 말한다	… 157	빛과 그림자	… 172

제1부
삶의 시간과 공간

인 생 길

인생은 삶의 텃밭
물 주고 가꾸며 잡초는 뽑는 것
희로애락의 교차, 춘하추동의 변화
생로병사의 과정, 때로는 새옹지마

전화위복의 행운도
각본 없는 무대에서 모두 주연
실연(實演)하면서
가상의 연극, 연기에 환호하는 삶

사랑하다 헤어지고
첫사랑 못 잊어 추억에 슬피 우는
인생의 양면성, 애증의 삶
그런 줄 알면서 예습, 복습하는 것

급하다 늦다 서둘지 말고
앞뒤 살피며 옆도 관심 갖는 배려
진실하면 통하는 삶, 형통의 길
삶의 길, 인생의 길, 보람의 길

유한을 무한으로 착각해도
삶은 행복한 것, 행복 위해 태어난 것
인생길은 험해도, 헤쳐 나갈 지혜
걸어야 할 길에 빛은 비추는 것
다듬으며 가는 길이 인생길이니까

인생 예찬

꽃은 예쁜 꽃 미운 꽃
따로 없듯
인생은 은혜의 선물
세상의 빛으로
존엄과 가치의 화신
만물의 영장인데
예쁘고 미움 어디 있으랴

자연의 축복 만인의 사랑
인생 예찬은 우주 만물의 이치
세상이 바뀌어도
만든 이, 움직이는 이
우리인데 어찌 위대하지 않은가

인생은 그 자체 예찬의 대상인데
이를 포기하고 존엄과 가치
훼손하는 자연의 역행자
본질로 돌아와 엄마 품에 안겨야

인생은 아름다운 것
아름다움 지키려면
자존감 수호로
인생 예찬의 주인공 되어야
천지조화로 평화가 찾아올 것

인생의 가치

인생이 허무하다고요?
허무하게 보내기 때문에
허무한 것이지요

인생은 일장춘몽이라고요?
헛된 꿈만 있는 게 아니지요
좋은 꿈도 있지요

인생은 적자투성이라고요?
처음부터 흑자로 태어났으니
적자란 과욕의 결과지요

인생은 살아가면서
부족한 공백을 채우려
자신과의 싸움을 하는 것이지요

인생은 무상한 게 아니고
부정의 잠재의식이
긍정을 괴롭히고 있는 것이지요

인생은 덧없는 게 아니고
덧없다고 생각하기 때문에 덧없는 것이지요
생각을 바꾸면 인생은 살맛 나죠

인생은 각본도 주연도 내 몫
각본상, 주연상도 내가 받아야지
관객의 평가에 인생을 걸며
인생의 가치를 논할 수는 없잖아요

산다는 건

산다는 건
목표 지향적인 도전
삶을 개척하는 인생행로

산다는 건
존재에서 당위 찾아
삶의 보람 찾는 것

삶은 경쟁의 게임에
주사위 던진 것
승패에 희비가 교차하는
냉엄한 현실 체험하는 것

삶을 위해
활활 타오르는 정열로
물불 모르고 뛰어들다가
시행착오로 허송세월하기도

하루하루 무탈하게 살면
성공이고 기적인걸
크고 높아도 하늘 아래 산
올라도 내려와야 하는 것

산다는 건 역동적인 것
열등감은 자존감으로
우월감은 겸손으로
자신과의 싸움인 것을

인생 철학

인생은 삶의 행로(行路)
길이니 가는 게 아니라
왜, 어떻게 가야 하는지
길을 찾아 가는 것

잡초도 엄동설한 이기며
밟히고 눌려도 자연을 만나
햇빛에 감사하며
씨를 남기고 가는데

인생은 만복의 주인공
사람답게 뜻을 세우고
실천하는 의지
삶의 흔적 남기면 되는 것

선택받은 인생
목표 지향은 우리의 몫
받은 이상 베푸는 배려
만복 근원의 샘터

인생은 존재에서 당위로
추상에서 구상으로
계획에서 실천으로
인생의 값을 찾는 과정
철학이 있으면 되는 것

삶의 향기

꽃이 예쁜 건
아름다운 꽃잎 색깔
상호 배려로 공존의 삶
창조의 조화, 향기 때문

우리의 삶이 아름다운 것도
인격으로 승화
만인의 축복에서
풍기는 은은한 향기 때문

인생은 희로애락의 교차
사계절의 변화처럼
생동하는 자연의 섭리로
향기를 발산하는 것

기쁠 땐 향기 짙은 꽃 냄새
슬플 땐 낙엽 타는 쓴 냄새
애환의 사연은 서로 달라도
삶의 향기는 언제, 어디서나

삶은 은혜와 섭리의 과정
인생은 삶에 보답하는 길
꽃향기가 꽃의 본질이듯
삶의 향기는 사람의 본질
인격으로 완성하는 것

花香은 百里이나
人香은 萬里

인생의 사계절

인생의 제1막은
꽃 피는 계절입니다
초목이 기지개를 펴며
활력을 불어넣는
희망과 꿈, 약동의 계절입니다

인생의 제2막은
녹음의 계절입니다
청운의 꿈이 하늘을 날며
바다의 파도를 헤쳐 가는
뛰고 다지는 성숙의 계절입니다

인생의 제3막은
결실의 계절입니다
각고의 노력이 결실, 추수로
보상의 원리에 감사
열매를 거두는 보람의 계절입니다

인생의 제4막은
눈보라의 계절입니다
살얼음 몰아치는 한파를 겪으며
초목이 기지개로 봄을 기다리며
희망의 새해를 계획하는 계절입니다

자연은 인생을 배신하지 않아
보상은 천지조화의 섭리

인생 행로(行路)

인생은 나그네라는데
어디서 왔다, 어디로 가는지
길 떠나, 쉴 곳 없어
헤매는 방황자가 아니다

함께 살면서
홀로 외로운 길 떠나
내가 누구, 무엇을 하려는지
성찰하려 함도 아니다

나를 고독에 내던져
극한 상황에서 나를 찾으려
몸부림치는
외로운 나그네의 길도 아니다

그저 빈손으로 왔다가
빈손으로 가는 빈 수레
쌓은 짐 무거운 짐 내려놓고
미지의 세계로 가는 것

지름길로 갈까
돌아갈까 망설이다가
혼자임을 자각하고
동행자 만나 가벼이 떠나는 것
그리고 뒤를 돌아보지 않는 것

인생극장

연극은 대본 따라
주어진 연기
역할 맡아
해피 엔딩으로 끝나지

그러나 우리네 인생은
대본 없는 연극
무대는 허허벌판
예측 불허의 실연(實演)

연극에선 주연상, 조연상
작품상도 있지만
인생극장엔 그런 상 없어
연기 아닌 실화이기에

상이 있다면
식구 모두가 연기상
최우수 작품상은 화목상
웃음이 가득한 행복상이지

상은 없어도
박수와 격려로
웃음꽃 피는 우리 가족
연습 없는 실화, 산 연기
음식 한 상이면 대상

여 로(旅路)

산천은 같은 듯 다르고
사람들은 다른 듯 같아
산수화의 실상, 자연 경관
공간이 그리움으로 가득

삶은 고해라지만
여로에서 만난 얼굴, 얼굴들
웃음꽃 활짝 행복이 넘쳐
금상첨화의 조화, 축제

심신의 피로 푸는 여로
이심전심, 공감대 이뤄
자연과 함께 노래하는
여로는 인생길, 꿈의 마당

여로는 내비게이션
여로가 빗나가면
여행은 실패
인생행로도 어긋나

여로는 험로의 개척
협곡에 핀 야생화처럼
인생은 인내와 투지의 길
자연의 길이 아닌
다듬어 닦는 길

삶의 추(錘)

삶이
중심 놓치면
삶의 추, 균형 잃고
낙엽처럼 생기 잃어

삶이
낭만 잃고 구름으로
해 가리면
바람이 추 흔들어

삶의 추는
살아온 흔적
현재의 삶을 거울로
삶의 값을 저울질

삶의 추 기울면
삶은 의욕 잃고 신음
부패균이
유익균을 침범

삶의 추는
심장에 고동치고
양심에 신호 보내며
"원점으로 돌아가라"
"삶의 균형 잡으라"라고 한다

삶의 날개

새는 날개로 날아 좋겠다
높이, 멀리 언제든지
어디든지 날아가는
자유의 특권이 있으니까

우리는 시간과 공간에 갇혀
가고 싶어도 갈 수 없고
보고 싶어도 볼 수 없어
하늘을 나는 새가 부러워

삶에 날개 있으면
사랑하는 사람과 산, 강으로
가고픈 곳 보고픈 곳
훨훨 날아가련만

미운 사람도 껴안고
날다 보면
나도 모르게 사랑의 온기가
미움을 덮어 버리겠지

삶의 짐 내려놓고
날개 달아 하늘을 날면
새들도 좋아 춤추고
같이 날겠지
날아야 내가 가벼워지니까

안 개

뿌연 안개 시야를 가리나
잡을 수도 쫓을 수도 없어
해 돋으면 기에 눌려
흔적도 없이 사라져

골짜기에
자욱한 아침 안개
산이 높아 넘어가지 못하나
해 돋을까 피해 가나

잠깐 왔다
슬며시 사라지는 물방울
인생도 무상함이 안개 같다며
혼돈과 모호함 남기고

"사람은 만물의 영장" 호언하나
영겁의 시간에 점 하나
있는 듯 없는 듯
허무함이 안개 같아

안개, 햇볕 만나면 사라지는
순간의 운명
강자에겐 약하면서
우리에겐 "나를 보듯
너를 보라"라고 한

삶의 여백(餘白)

동양화는 여백이 매력
채울 수 있으나
채우지 않는 여유
상상의 여운이 낭만으로

여백은 숨 막히는 삶의 현실에
쉼표로 숨 고르고
성찰 통해
나를 발견케 해

삶의 여백은
과유불급의 교훈
비움을 깨달아
한 걸음 물러서게 해

삶의 그릇에
무지갯빛 청사진 그릴 땐
여백보다는 공백 메우려
물감 찾았었지

삶의 여백은
미완성이 아니라
완성의 잠재적 공간
은근과 끈기로
참고 기다리라는 것

언약

백년해로 꿈이었나
궂은일 모른 체하며
열심히 살더니
삶이 너무 힘들어서인가

짓궂은 세월
초록 잎은 단풍잎으로
눈보라 태풍 거듭하더니
불가항력 못 이겨 쉬려 했는가

마음은 그대로인데
세월을 원망하는 바보 되었다
건강을 지켜 주지 못했으면서
백년해로 언약이라니

사랑이라는 이유로
용서받을 수 있을까
간병으론 빚 못 갚아
이렇게 헤어지다니…

문병 온 친구는 그래도
"그동안 진 빚 갚으라" 했는데
빚 갚기 전에 이별
그때 그 언약은
지키지도 못할 공수표였나

우 산

하늘을 보라
파랑에서 검정 되자
별안간 하늘이 뚫려
우산의 시간이 없다

기상 예보에 없던
맑은 하늘의 이변
비를 안고 오자
빗방울 피하려 우산 찾아

우산 써도 비는 오는 것
비 피한다고, 비 그치는가
그토록 그리던 임인데
그 임을 우산으로 막아

그리움과 미움은
우산 하나 사이
필요하면 찾고, 싫으면 버려
우산! 너는 알고 있겠지

우산은 비를 막지만
그치게는 못 해
사랑도 우산 같아
사랑하면 찾고
미워하면 버리니까

쉼표

쉼표 없으면
마침표도 숨 가빠질 겁니다
빨리 가면 빨리 도착하나
빠른 도착이 능사는 아니죠

쉼표는 여유요, 자산입니다
쉬면 더 잘 갈 수 있으니까요
세월 빠르다 해서 원망하면
세월은 더 빨리 도망가니까요

쉬어 가야 앞을 볼 수 있어요
빨리 가면 옆을 볼 수 없어요
쉼은 쉬는 게 아니라
백 보를 위한 숨 고르기죠

쉬어 감은 보약
갈 길 다지는 밑거름입니다
쉬어 가다 보면
산이 보이고 강도 보이지요

쉬어 가다 보면
친구도 보이고 사랑도 보여요
쉬어 감은 잘 갈 수 있다는 것
인생에 쉼표 없으면
마침표밖에 없잖아요

혼 자

나는 애초에 혼자였지요
그러나 혼자는 외로워
인간관계 중요하다며
인생의 반려자도 만났죠

그런데 하나, 둘, 셋 늘어 가다
세월 따라 숫자가
거꾸로 돌아가 둘만 남았어요

혼자는 싫어
이를 벗어나려고
몸부림쳐 보았지만
이젠, 덩그렁 둘이 남아

둘이라도 서로 의지하며
같이 살자던 꿈은
물거품 되어
이젠 혼자 남았으니

비 오면 우산 쓰고
바람 불면 피해 가며
외로울 땐 친구처럼
가까워서 좋았는데
결국, 혼자 남다니…

물레방아

문명의 뒤안길
흔적조차 희미한 물레방아
추억만 남기고
쓸쓸히

"흘러간 물로는 물레방아
돌릴 수 없다"라는 깊은 뜻만
남긴 채 초라하게 서 있네
외로이

과거는 참고하되
집착하지 말라는 교훈을
들려줄 것만 같은데
그날의 위용은 간데없고

흔적은 초라해도
역사는 생생해
무형의 암시는 머릿속에
조상님의 손길, 보이는 듯

물레방아 돌고 돌아
보내고 맞이하듯
우리 인생도 돌고 돌아

신진대사, 온고지신 남기고
휴식에 들어간 물레방아여!

호수의 파문

고인 물이나
살아 숨 쉬는 곳
호수의 숨결은
바람 만나 파문을 일으켜

잔잔한 호수의
스치는 바람
잠자리의 꼬리 춤
잔잔한 파문이 잠을 깨워

호수의 꽃은 파문
춤추는 물결은 삶의 환희
살며시 스치는 공존의 숨결

파문 없는 호수는
사랑이 그리워도
찾는 이 없어
쓸쓸함은 어찌 너뿐이랴

바람도 없어
뙤약볕에 몸을 태우며
물을 스치며 헤엄쳐도
찾는 이, 반기는 이 없으면
잠자는 호수
너만 외로운 게 아냐

인생관

인생은 태생적으로
천운에 의해
빛으로 나타난 기적
우연이나 필연으로 서광을

분골쇄신, 전력투구
목적 향하는 운명
자기 집착에
객관화를 잃기도

인간관계는 상대적인데
자기실현에 몰입
객관적 자아 발견에 실패
과대망상에 빠질 수도

주관적 몰입의
임의적 인생관
자의적 인생관으로
인생관의 객관화에 실패

어둠에서 빛 찾고
부정에서 긍정 찾아
나를 나답게
내재적 멘토
인생관이 나를 객관화

세월의 흔적

"여보게, 친구
또 한 해가 가는군"
원망 섞인 한마디에 당신은
"세월은 가게 놔두라 했지?"

가는 세월 어찌 붙잡겠는가
붙잡지 못할 바에야
가도록 놔두어야지

그러면서 당신은 말했지
"우리가 가야 또 다음이 오잖아
신진대사가 세상 이치야"

그럼, 우리는 뭐야
릴레이 선수?
대기 선수가 있다는 거야?

잡초는 밟혀도 일어나고
봄이면 새싹이 돋건만
우리는 만물의 영장이라면서

친구는 나의 넋두리에
"그게 자연의 순리야,
우리 인생일세"라고 했지
나는 거울에 비친
나의 자화상을 모르고 살았다

추억의 일기장

그때는
무지갯빛 화려하게 빛나고
동녘의 태양, 꿈으로 펼치며
서산의 노을에 낭만 싣고
봉황 그리며 하늘을 날았지

이제 눈 크게 뜨고
하늘 보니, 하늘은 너무 높아
먹구름 오가다
소나기 쏟아지는 걸 몰랐지

일기를 쓰다 지우다
보랏빛 되기까지
예쁘게 분칠했었지
그 일기장 이젠 먼지만이

그런 낙서마저 없었다면
과거는 흔적도 없이
고목의 낙엽처럼
날아가거나 없었을 거야

현실을 엄숙히 관조하니
때 묻은 일기장
담백한 지난날의 낭만
그 일기장은 허상의 낙서
추억에서 젊음을 찾으려는가

낙엽 소리

나는 엄마의 은혜로
세상에 태어나
해님 사랑 받고
짧은 생애 살았지요

봄에는 초록으로
여름에는 파랑으로
가을에는 노랑으로
옷을 갈아입으며

그러나 나는 태생적으로
짧은 생애가 숙명이었지요
엄마께 영양분 드리려고
바람과 함께 떠나야 해요

지조 없다고 비웃지 마세요
나는 엄마를 떠난 게 아냐
엄마 품으로 돌아가는 게
꿈이랍니다

흙에 묻히고 길에서 밟혀
버림받아도
엄마의 숨소리 찾아
은혜 갚겠어요
나에겐 배신은 없거든요

시(詩)와 인생

시는 시인의 전유물이 아냐
누구나 사물을 관찰
느낌을 함축성 있게
표현하면 되는 것이니까
인정 여부는 다음다음

프로 시인은 프로답게
세련된 표현으로 감동을
아마추어 시인은
풋고추의 상큼함으로
친근감을 선사

시는 내면의 감성을
운율에 따라 표현하나
때론 날카로운 이성으로
울분을 표출
호소력으로 포효하기도

우리는 누구나 잠재적 시인
생활상이 모두 소재요
대화가 시적(詩的)이니
시는 우리의 일상

인생을
성찰하고 미래의 그리움에
나를 조명하는 축소판이니까

제2부
사랑하며 산다는 것

사랑의 거리

사랑은 보일 듯 말 듯
잡아도 놓칠 듯
숨바꼭질

멀다가도 가깝고
가깝다가도 멀어
거리는 수수께끼
잴 수도 없어

사랑은 높다가도 낮아져
높을 땐 먼 거리
낮을 땐 가까운 거리

사랑의 거리는 마치 고무줄
늘었다 줄었다
사랑은 시험의 거리
사랑하면 가까운 거리
시험하면 먼 거리

사랑은 가깝고도 멀어
잡으면 떠나고
떠나면 그리운 거리
베풀고 희생하면
가까운 거리, 계산하면 먼 거리
마음의 거리가 사랑의 거리

사랑의 맹세

너는 너고, 나는 난데
둘은 하나라고
하나여야 한다고 약속했지

해님 앞에서 맹세했잖아
너와 나는 다르나 같다고
같아야 한다고

달님 앞에서 약속했지
어두운 밤 밝히는 달님처럼
어둠을 밝히자고
밝혀야 한다고

별님 앞에서 외쳤지
별은 모래알처럼 많지만
너와 나의 별은 둘뿐이라고
밤하늘이 빛나도
너 없는 별은 별이 아니라고

하늘 아름답고 시원한 푸른 초원
새들이 노래하고 벌 나비 춤추며
꽃을 찾는 예쁜 동산이어도
너, 나 없는 세상
사랑이 무슨 소용이냐고
사랑의 맹세 하였잖아

사랑의 날개

사랑은 보이지도 않고
소리도 색깔도 없으나
날개는 달려 있어

살며시 왔다가
흔적도, 그림자도 없이
구름처럼 사라져

사랑은
날개로 포근히 감싸 주나
방심하면 기약 없이 날아가

사랑은
사뿐히 마음속에 날아와
쉬어 갈까 날아갈까
망설이다, 훨훨 날아가

사랑은 날개 달린 새처럼
하늘 날다가
나무에 홀로 앉아
쉴 곳 찾기도

사랑이 쉬어 갈 곳
노래와 춤으로 손짓하는 곳에
사랑의 날개 접고 찾아오겠지

사랑의 모양

부모는 자식을
자식은 부모를
부부는 서로
친구는 친구, 이웃을
서로 사랑하라고 한다

국민은 나라를
나라는 국민을
여는 야를, 야는 여를
사랑하라고 한다
모두 우리이니까

그런데 사랑은
보이지도 않고
만질 수도 없어 모양도 몰라

사랑받으려면 사랑하라고
믿음, 소망, 사랑 중에서도
사랑이 으뜸이라고 가르친다

사랑은 나는 작게
너는 크고 높게
네모를 원으로 갈고 닦으란다

사랑은 각을 원으로 만드는 것
네모를 원으로 만드는 과정
다듬어 예쁜 모양 만드는 것

사랑의 힘

모르던 너와 나
낯설던 너와 나
우리로 만든 건 사랑의 힘

너와 나를 이어 주는 가교
눈빛만 보아도 알아
말이 필요 없었잖아

이심전심, 보이지 않는 마력
나도 날 잘 모르는데
나 이상으로 널 보았으니

너를 통해 날 알아
너는 나의 거울
또 다른 나의 모습

세상이 밀고 당기며
아우성이어도
언제나 내 편

너와 내가 우리 되어
하나, 둘, 셋, 넷, 다섯
가정의 꽃 피우더니

저마다 장성하여
제 갈 길 가는 것 아름다워
헤어지며 웃는 것도 사랑의 힘

사랑의 기도

부모님 살아 계실 제 불효막심
알면서도 효도하지 못하다
돌아가시니 사랑, 사랑 하니
이 죄를 어찌합니까

고향 뒷동산 영하 15도
찬 바람 몰아치는
추위에 얼어붙은 흙
어찌 참으시고 누워 계십니까

영은 하늘나라에서
천복을 누리셔도
흔적은 이 세상에서
만나 뵐 수 있어 감사합니다

고통 없는 하늘나라
영생복락 기도합니다

부모님 묘소 찾아뵙고
추모 예배
연중행사 무슨 소용 있겠습니까

'어버이 은혜' 노래 부르며
찬송가 불러도 대답 없으신 부모님
고개 숙인 자손들의
사랑의 기도는 들으시겠지요

꽃 사랑

꽃이 아름다울 땐
그토록 좋아하고
가던 길 멈추며
향기에 취했는데

화무십일홍이라며
꽃의 일생을
영욕(榮辱)
성쇠(盛衰)로 비유

꽃은 아름다움을 상징하는데
왜 부정적인 표현으로
꽃의 자존심에 상처를 줄까

예쁠 땐 그토록 사랑하더니
시들면 외면
꽃은 배신의 상처 안고
바람에 날아가

꽃을 사랑하기에 꺾어
꽃병에 꽂고
그래도 못 잊어 조화를 만들고

사랑의 꽃 시들거든
그날의 추억 마음에 새긴다
마음도 꽃처럼 아름다우면 좋으련만

나 그대

나 그대 되고파
하늘로, 바다로
산으로 그대 있는 곳으로

나 그대 되어
꽃으로 향기로, 나비 부르고
벌 불러 꽃 축제 하고파

나 그대, 그대 나 되어
하나로 피는 꽃
그런 꽃 되고파

사랑한다 노래하면
새들도 노래하겠지
새싹도 잎이 돋고
꽃봉오리도 활짝 피겠지

나 그대 되면
그대도 나 되겠지
나는 혼자가 싫어
우리로 가는 거야

그러기에 우리
이제는 바람을 못 막겠어
이제는 추위를 못 이기겠어
사랑은 다 이길 수 있으니까

홍시 사랑

새들이 쪼아 먹다 남은
홍시가 가련하게
가을의 바람 앞에
턱걸이 하고 있어

정열이 끓어올라
터질 것 같은 빨간 홍시
가을의 마지막 상징인데
새들이 쪼아 먹다니…

어려서 고향 찾을 때
백모님이 떨어진 홍시
챙겨 주시던 기억, 깊은 사랑
텃밭 감나무에 남은 홍시를 보니
그 시절 추억 떠올라

홍시는 감사의 보은으로
내 손에 안기기를 바랐겠지
그러나 새들은 아랑곳없이
마지막 홍시를 저들 먹이로

사랑의 말 한마디
전하지 못하는 사이
홍시 사랑을 가로채는 제3자
어찌 너뿐이겠는가

네 발자국

두 발자국은 가까워도 멀어
네 발자국은 멀어도 가까워
콧노래 부르며 네 발자국
유쾌한 산책

네 발자국은 서로 달라도
박자는 잘 맞아
앞서거니 뒤서거니
말 한마디 없어도
이심전심 즐거운 산책

친구와의 네 발자국
추억을 오늘에 살려
야자의 그날 말투
오순도순 담소하며
정다운 산책

걸살누죽, 건강이 제일
하루에 7,000보
영동천 따라 고향 길 산책

네 발자국은 건강의 자국
화합의 흔적, 속도는 달라도
뜻이 같은 우정의 산책
사랑의 산책, 건강의 산책

못 잊어

사랑한다는 표현
그렇게 어렵던가
쑥스러워 망설인 걸 후회합니다

사랑하면서 표현 못 한 죄
그대 못 잊어 마음 아파
마음만으로는 아니 됨
이제야 알았습니다

그리운 옛 친구들
그렇게 보고 싶었는데
불러도 대답 없는 이름
못 잊어 그리워한들
무슨 소용 있겠습니까

잘되어라, 사람 되어라
가르치시던 스승님
인자하시던 손길
세월 가도 못 잊어
그리움 어찌합니까

헤어지기 싫던 소꿉친구들
못 잊어도 찾을 수 없고
만날 수 없어 얄궂은 세월에
남은 건 그리움뿐입니다

사랑은 술래잡기

사랑은 보이질 않아
잡으려면 튕겨져
밀당의 술래잡기
그래서 사랑은 어려워

사랑은 가까운 듯 멀고
멀고도 가까워
가까우면 소홀해지고
멀면 그리워지는 것

사랑은
놓으면 날아가
비우면 채우고
채우면 비워야 하는 것

사랑은 무거우면 덜어야 하고
가벼우면 넣어야
저울 같아
방심하면 기울어져

사랑은 깊으면 빠지기 쉽고
얕으면 무너지기 쉬워
깊어도 얕아도 조심
술래잡기야
잡힐 줄 알면서 숨는 거야

내가 만약

내가 만약 새라면
훨훨 날아
산 너머 강 건너
당신에게 가고 싶어요

내가 만약 나비라면
사뿐사뿐 날아
꽃보다 당신에게 먼저
날아가고 싶어요

내가 만약 라일락이라면
그윽한 향기 냄새
가득 품어 전하고 싶어요

내가 만약 비둘기라면
평화의 꽃, 입에 물고
북녘의 하늘로 날아
희망의 소식 전할래요

내가 만약
다시 사랑을 한다면
진짜 멋있는 사랑
후회 없이 할 겁니다
사랑 위해서 태어났는데
참사랑 못 하면 억울하니까요

사랑의 주소

그토록 찾던 사랑은
산에 있을까
산에 오르면 구름이 눈 가려
구름 걷히면 햇볕이 눈 가려

사랑은 초원에 있을까
달리면 강으로 막혀

사랑은 일에 있을까
일 찾아 행복 만나
안식처 찾으면 세월이 쫓아내

사랑은 재물에 있을까
물욕은 끝이 없어
헤매다가 갖지 못해

사랑은 보이는 것도
갖는 것도 아냐
사랑의 주소가 바뀌어도
사랑의 질량은 변하지 않아

사랑의 주소는 마음에 있는데
마음의 문을 닫고
멀리서 찾다가
가까이 있음을 몰랐던 거야

사랑의 상처

사랑으로 마음이 아플 땐
하늘을 보라
태양은 만물의 생존 활력
온 누리 비추며 일해도
아프다고 말하는가

사랑으로 마음이 슬플 땐
땅을 보라, 우리에게 밟히고
아스팔트에 질식해도
우리를 받쳐 주고 있지 않은가

사랑으로 마음이 괴로울 땐
바다를 보라
온갖 물을 받아 수용하는
포용력으로 정화
파도의 수난을 극복
바다를 지키고 있지 않은가

사랑은 상처를 입어도
외상(外傷)이 없어
극기(克己)의 시험
사랑은 역경을 이겨야 굳어져

천지가 축복, 가족이 버팀목 되고
친구와 이웃이 울타리로 보호해도
사랑의 상처는 치유 불가의 병인가…

사랑의 시효

사랑하다 헤어져도
못 잊을 잔영(殘影)
사랑은 시작은 있으나
끝이 없어

바람 불면 바람 타고
사라지며
낙엽처럼 날아가
잊어야 하는데

사랑은 활활 타는 활화산
팔팔 끓는 용광로
꺼지면 정도 가져가야지
헤어지고도 마음은 남아

사랑은 지나면 잊고
멀어지면 잊는다지만
그건 사랑을 몰라서야

사랑은 몸살
한 번은 거쳐야 하는 홍역
차라리 사랑에 시효가 있어
세월이 가져가 지워 버리면
잊기나 하지, 헤어져도 못 잊는 건
사랑에 시효가 없기 때문인가

사랑의 길

길은 멀어도 갈 수 있으나
사랑의 길은 가까워도 멀고
멀고도 가까워

없던 길도 만들면 길
있는 길도 걸어야 길
사랑의 길은
만들어도 시험에 드는 길

사랑은 사람을 아는 길
사람 알기 어렵듯
사랑 알기도 어려워

닦은 길은 쉬워도
처음 길은 어려워
가꾸어야 길이듯
닦고 조여야 꽃길이 보여

땀을 흘려야 결실이 보람
사랑도 비 온 뒤 땅 굳어
내 사랑 되는 것

사랑을 알면 인생을 아는 것
성공의 지름길 없듯이
사랑에도 지름길은 없어

사랑의 빛

태양의 빛만이
빛이 아닙니다
달빛만이 빛이 아닙니다

따스한 온정이 세상에 베풀고
온정으로 밝아 오는
사랑의 손길이 따스할 때
그 빛이 사랑의 빛입니다

한 송이 꽃이 예쁘고
향기가 세상을 진동해도
나비와 벌이 찾지 않으면
그 꽃은 빛을 잃듯
사랑도 그렇습니다

사랑은 오묘하고 신기한 마력
태초부터 종말까지
빛으로 남을 단 하나는
사랑이라는 단어입니다

그 사랑을 독점하려고
명예를 버리고 생명을 바치려
심혈을 기울이다 좌절해도

그 사랑을 못 잊어 그리워함은
자연의 섭리요
사랑은 빛이기 때문입니다

우정의 승화(昇華)

사랑할 땐 만나면 헤어지기 싫고
헤어지면 만나고파 그리움 못 잊어
아쉬워 애탔는데
사랑보다 깊은 정이
우정의 향기로 승화

우정의 향기는 사랑보다 진해
은근과 끈기로
가시 돋친 나무에도 꽃이 피고
향기 짙다가 무르익어
숙성됩니다

학연은 우연이었으나
우정으로 발전, 인생의 동행자로
혈연처럼 응집되듯 말입니다

바람이 불어도 바람은 보이지 않듯
우정은 씨가 흙에 묻혀
보이지 않아도 물 주면 보은으로
싹이 터 살아 있음 보여 주지요

우정은 승화되어
세월이 가도 산천은 그대로이듯
사랑과 의리로 결합
살아 숨 쉬는 교훈으로 다가옵니다

진정한 우정은 이해 떠나
서로 다름을 융합
하나로 조화를 이뤄
네가 나 되고 내가 너 되니
일심동체 아닙니까

친구 통해 나를 발견하고
나를 통해 연대감을 길러
우정의 승수효과

생애의 마지막에도
만나고 싶은 사람으로 남지요

우정의 향기로
생기를 부어 주고
꽃향기 나비 불러
아름다운 동산에서
춤추며 노래하면 낙원 아닌가

시간과 공간을 초월
사랑보다 깊은 디딤돌
우정이 승화되는 날
세상도 한 단계 높아지리라

사랑은 씨앗

사랑은 마음이어서
마음이 씨앗으로 변화
천지조화의 출발

사랑은 객관화가 어려워
누가 알 수는 없는
은밀한 비밀

사랑은 내면의 세계라
사랑한다지만
사랑의 정체는 몰라
느낌이지 보이진 않아

꽃에 향기 없으면
나비도 벌도 찾아오지 않듯
사랑에도 향기 없으면
사랑이 찾아오지 않아

사랑의 싹은 인격의 승화로
믿음에서 피어나는 것

사랑은 역지사지의 아량
주는 사랑이 우선
사랑은 만사의 첫발
사랑의 씨앗은 신성한 것
씨앗이 결실을 담보하는 것

사랑의 재발견

어설픈 풋사랑
인생 전반전에선
빛 좋은 개살구였지

인생 후반전에 이르자
시간과 공간의 굴레에서
나의 시간 나의 공간 찾아
사랑의 뜻 재발견

잃었던 걸 도로 찾은 거야
타율에서 자율로 해방
마음 가는 대로 몸이 가
자유로워 좋다

시간의 제약에 피로했는데
시간을 내가 만들어
내가 요리하는 나를 위한 시간
내가 써서 너무 좋다

나를 위한 시간, 미루었던 취미
묵혔던 것 도로 찾아
하고팠던 것 하게 되니
얼마나 행복한가

잃었던 자유 찾아 만끽하듯
사랑도 재발견, 인생도 재발견

사랑의 두레박

당신은 나의 등대
태풍으로 항로 방황할 때
빛으로 인도, 살려 준 은인이었지

당신은 나의 멘토
뭔가로 머리 아플 때
나에게 힘을 주었던 상담역

당신은 나의 동행자
험하고 먼 길에, 말벗, 글벗
그늘에서 휴식하며
'인생은 나그네'
노래로 마음 달래 주었지

당신은 나의 생수였지
갈증 날 때 마시고
더울 때 머리 식히며
"맹물도 같이"라며 친절하였잖아

당신은 나의 샘터였지
두레박으로 물을 들어 올리던
추억의 동네 우물, 그 샘터
당신은 그런 두레박이었어
가식이 없는 순박한 웃음
날 행복하게 했었는데

한(限)의 한(恨)

먼 줄 알았는데
아직인 줄 알았는데
끝이 보여 처음을 돌아본다

시작이 있으면 끝이 있는 법
알면서도 모르는 듯
뛰다 쉬다 보니 끝이 보여

한을 알면서 한을 모르는 듯
몰라라 보낸 시간들
한은 알고 있겠지

한은 공평해도 무심한 것
서로 달라 울고 웃어
한이 연극이기를…

한을 잊고자
글을 쓰고 노래해도
마음엔 응어리
한을 원망한 날들

한을 지우려 해도
해는 뜨고 날은 저물어
한은 아랑곳없이 쌓이기만
사랑이 한으로 슬픔 남기고
높이 멀리 떠날 줄은…

사랑의 운명

물에 낙엽이 떨어지고
물감을 풀어도
물은 물이다

사랑은 그대로인데
먹칠로 오염
사랑을 탓하나 사랑은 불변
운명으로 체념할 수 없어

사랑에 색깔을 넣어도
사랑은 그대로 순수한 것
역사가 흐르고 시대 바뀌어도
오직 하나 남을 단어는 사랑

사랑은 순수하고 아름다워
나 아닌 남을
나 이상 사랑한다는 건
기적이야, 신의 명령이야
내가 누굴 사랑한다는 건

사랑은 수정처럼 맑고
양심처럼 빛나는 것
사랑은 티 없이 투명
사랑엔 운명이 없는 거야
운명이라고 탄식하는 것뿐

사랑의 메아리

만날 수 있으면서
헤어져 아쉬워하는 그리움은
행복한 그리움입니다

만나고파도 만날 수 없고
통곡해도 메아리 없는 그리움
적막강산
슬피 우는 사랑도 있습니다

백년해로하자던
밝은 미소, 어디로 가고
사랑한다면서 지켜 주지 못해
떠나보낸 바보가
사랑을 못 잊겠다고
그리워하니 무슨 염치입니까

회자정리라는 말은
누가 만들었습니까
백년해로라는 말도
누가 만들었습니까

"과거는 잊으라"
"사랑은 가슴에 묻고 살라"
그 말, 나에겐 소용이 없습니다

제3부

시간의 교훈

오늘 하루

어제는 이미 지난 날
내일은 아직 오지 않았고
오늘 하루는 확실히
손에 잡히는 시간입니다

오늘은 어제를 환송하고
새날을 환영하는 날
하루를 설계하는 출발의 시간

오늘은 괴로움 어서 가고
즐거움 어서 오라고
기도하는 시간입니다.

그토록 기다리던 오늘 하루
보람 있는 일 만들어
잊히지 않는 날로
기억해야 하는 시간입니다

오늘은 하얀 헝겊에
희망의 수를 놓는 날
백지에 그림을 그리는 날
기획, 설계하며 집 짓는 날

오늘은 추수 위해 씨 뿌려
물 주고 가꾸는 날
아껴 쓰면 저축이고 낭비하면
후회하는 날입니다

세월의 한(恨)

세월이 가고 내가 따라가는지
세월은 서 있는데 나만 가는지

가는 세월에 아쉬움 남기며
달력을 넘기기 몇몇 해던가

날짜를 하나하나 지우며
그래도 많이 남은 달
아직도 많이 남은 날 안도하며
하루하루 보내었지

그러나
세월은 잔인하게 생사를 주관
낳게도 하고 멸하게도
희로애락까지 주관하며
비웃듯 주도해

날이 가고 달이 가고
해가 가는 것 달력이 알려 주나

거울은 그대로인데
거울에 비친 내 얼굴은 달라져
거울을 닦고 씻어도
그때 그 얼굴은 간데없어

세월은 무고(無辜)한데
세월에 한을 호소하다니

신 진 대 사

생물시간에 배웠던 신진대사
이유도 모르고
시험을 위해서 외우기만 했었지

세월이 흐르고 나서야
그 의미를 알고 부끄러워 했잖아

불필요한 노폐물을 배출해야
성장 에너지가 발생
생명이 유지되는데
우리는 그 의미를 사회에
응용하는 데에는 실패

묵은 것은 새 것으로 변화
발전하는 것을 거부
"노벨상 수상자도, 영웅호걸도
세월은 이기지 못하였잖아"라고
한탄만 했다

잡초는 밟혀도 일어나고
꽃이 지면 봄에 또 피는데
우린 만물의 영장이라면서
초개(草芥)만도 못하다니
신진대사라는 순리 앞에
무력함을 어찌하리

시간의 연기력

흘러가지만
빈자리 메워 가는 마력
아쉬워하다가
그리움으로 찾아오는
신비한 연기력

시간은 흘러가는 만큼
허무함이 엄습
소름 끼치는 압박감이
밀려오지만
보상의 선물도 있기에
아쉬움을 덜기도

즐겁게 보낸 시간은
아름다운 추억을 장식
앨범을 화려하게 수놓아
행복의 시간을 만끽

슬프게 보낸 시간은
아픈 상처 묻어 두고
치유를 바라지만
마음의 상처는 그대로
희비에 눈 감고 감각을 잃어도
시간은 잔인한 연기를 계속

세월의 마력

오는 세월 가는 세월
막지 못할 바에야
반갑게 맞이하고 기쁘게 보내자

세월을 탓한다고 가는 세월 안 가랴
붙잡는다고 쉬어 가랴
무정하다 원망 말고 함께 가자

세월은 사계절 바꾸며
새싹 트게 하고 꽃 피게 하고
열매도 맺게 해, 재능이 다양해

더위와 추위를 주관
낙엽으로 변하게 하다가
눈이 내리게도 하는 마력의 신비

세월이 빠르다 원망한다고
세월이 천천히 가던가
백 년 전이나, 천 년 전이나
시간은 일정한데
세월만 빠르다 원망한다

세월의 마력은 신비, 자연의 섭리
세월을 탓한들 무엇 하리
허송세월의 나를 탓해야지

배 신 자

그 소년은 세월을 잊었다
언제나 푸를 것으로 알고
앞만 보고 거침없이 뛰었지

까만 하늘도 푸르게
누런 산도 푸른 산으로
파도치는 바다를 보면 힘이 솟아

하늘이 높아도 낮아 보이고
산이 거칠어도 헤쳐 나가
단숨에 야호를 부르고 싶었다

먼 길도 마다 않고 뛰어가며
초원의 푸른 들에서
활개 치며 뛰고 싶었다

태양은 세상 밝혀 빛나고
달은 어두운 밤 밝혀 고맙고
반짝이는 아름다운 별
친구 되어 고마웠지

그런데 꿈 빼앗은 건 세월이야
시간 주고 놀게 하다가
마감 시간 되었다고
문을 닫으라는 거야
세월이 배신자인 걸 몰랐던 거야

죽어도 사는 법

성현은 가셨어도
업적, 명예는 우리들 뇌리에
교훈으로 살아남아

"너 자신을 알라"라고 하던
소크라테스는 세월이 가도
먼 미래까지 우리에게
경각심을 주는 철학자로

미켈란젤로는 노화의 불안
절망을 예술로 승화
죽어도 사는 불멸의 작품 남겨
예술이 생명의 연장임을

삶에 얽매여 어어 하다
시간을 소모하는 동안
세상을 밝힌 빛들은
밤에도 별빛으로 미래를 밝혀

세월만 탓하는 사이
현자는 세월, 시간 아끼고 저축
인류 위해 빛으로 기여

세월, 시간을 탓하는 자
세월, 시간을 활용한 자
사소한 차이가 죽어도 사는 큰 차이

세월 따라

어제 바로 그 시간
이 길을 걸을 땐
나뭇잎은 찬 바람에 옷깃 여미며
고개 숙여 인사했는데

오늘 바로 그 시간
이 길을 걸으니 그 나뭇잎 안 보여
세월 간다고 낙엽도 따라간 거야

하루 사이, 오색으로 물든 예쁜 잎
엄마 가지 영양 위해
엽록소를 포기
희생의 제물, 낙엽 되다니

가던 길 멈추게 하던
꽃과 오색 잎들
제철 지나면 흔적 없이 사라져
세월 가면 저들도 갈 줄 아나 보다

스치고 지나가는 길이지만
너희들마저 세월 따라가면
앙상한 나무, 추운 겨울
누가 돌보나
너의 운명
나와 무엇이 다를까?

세월을 탓하랴

짓궂은 코로나
예쁜 여인의 얼굴을
마스크로 가리더니
이젠 찬 바람 부는 겨울이
두꺼운 옷으로 아름다움 감추게 해

계절 따라 세월 따라
산빛이 변하고 강물이 변하고
따스한 손이 차가워지더니
마음마저 찬바람

겨울이면 모두 추울 줄 알았는데
겨울을 기다리는 곳
겨울을 반기고 따뜻하다며
박수를 치는 곳 있고

여름이면 더위 피할 줄 알았는데
여름을 기다리는 곳
여름을 반기고 시원하다며
좋아하는 곳도 있다

세월 가는 것을 싫어하면서도
세월 가는 것을 반기는
희비쌍곡선, 이율배반 속에
세월을 탓한들 무엇 하리

세월의 보상

세월은 흘러가는 것
흘러가면서 우리와 동고동락
그래도 무정한 세월이라
아쉬워하며 세월만 탓한다

그러나
세월이 흐르기에
산천초목도 철마다 새 모습
뿌린 씨는 꽃 피고 열매 맺는 것

세월이 흘러야 신진대사
아쉽지만 삶의 선순환
세월의 정지는 자연의 섭리에 역행
순리대로의 삶은 세월의 보상

세월이 흘러가도
외롭지 않게 안식처, 가족
든든한 울타리
화목한 삶 갖는 것도 세월의 보상

세월이 약이라고
괴로운 것도 지나면 잊어
삶은 흘러간 세월만큼
성숙해 가는 것
성숙하여 완성으로 가는 것
이것도 세월의 보상

오늘

과거는 흘러간 것
미래는 다가오는 것
과거와 미래의 분기점은 오늘
오늘이 기본, 기준

과거가 아름다우면 좋은 추억
과거가 괴로우면 잊고 싶은 것
과거는 참고하되 집착은 금물

오늘은 현실, 미래는 추상
과거가 가면 오늘
내일도 오늘부터 출발인 것

실현 가능하면 미래는 희망
실현 불가능하면 미래는 비관
비관적인 미래 알면서
전력투구하는 건 실패
희망적인 미래라도
오늘을 희생하면 도박

오늘은 내 앞날의 첫날
오늘을 희생하는 내일은
내일도 불행한 것
오늘만이 내가 살아 있음을
확인하는 행복의 확실한 순간

세월이 약

세월을 탓했지
세월에라도 탓을 해야
마음이 풀리었지
세월은 대꾸가 없으니까

괴로움이 엄습
못 살 것 같던 불안
두려움도 세월 가니
눈 녹듯 사라졌지

약으로도 치료로도
치유할 수 없던 상흔을
치유한 건 세월이었으니까
세월은 약이고
시간은 보약이었어

못 잊어 마음 태우고
상실감에 마음 상하고
상처가 아물지 않아도
세월 따라 시간 가면 잊혀

세월마저 외면하면 호소할 곳 없어
대답 없는 침묵이 필요
대답 없는 메아리가
아픈 나를 치유하니까

싸 움

싸움은 보통 상대가 있는데
상대 없는 싸움도 있다
시간과의 싸움이다

주어진 시간은 예외 없어
시간은 공평한 기회
시간은 만인의 약속

시간은 조건을 부여하고
준수를 통해 보상한다
시간의 관리 여부가
시간의 효율적 관리를

시간을 이긴 자에겐
명예와 상훈의 보상으로
시간과의 싸움은
응원자도 없다
오로지 자신만의 외로운 싸움

싸우겠다고 도전해도
시간은 말을 않고
초침을 가리키며
"시간이 교훈이다"라고 말한다

흘러간 시간

시냇물이 돌 사이로
지푸라기 빗겨 가며
장애물 피해 흘러간다

가다가 지쳐도 쉬질 않고
어디론지 기약 없이
졸졸 흘러간다

어디로 가는지
되돌아오지도 못하면서
약속이나 한 듯이 흘러간다

시간이 흘러간다고 잊는 게 아냐
맑은 물이었든 흙탕물이었든
흘러간 시간은 추억으로 남아
그리움으로 돌아와

그때 그 고향, 모교
흙먼지 자욱했던 운동장
지금은 온데간데없고
초가지붕 눈앞에 선한데
문명의 바람으로 변해 버려

그래도 그때 그 자리
시간은 가도 옛 추억은 남아
그리움은 생생해, 그리움은 지우지 못해

세월이 가도

세월 가면 산의 빛도 변하고
들녘의 색깔도 바뀌고
여인들의 옷 색깔도
유행 따라 변하는데

감미로운 사랑, 든든한 우정
약한 듯 강해
변할 듯 변하지 않아
배신이 두렵기 때문

사랑은 비교하면 도망가
진정한 사랑은 세월 간다고
따라가는 철새가 아냐

우정은 잊을 듯하지만
세월 갈수록 굳어져
그때 그 마음으로 남아
숙성하여 무르익듯
나를 받쳐 주는 멘토요

의리는 변할 듯하지만
세월 가도 변함없이 남아
의리를 배신하는 것은
우정을 부정하는 것
나와 너를 부정하는 것이니까

시간의 절약

시간은 기회의 균등
하루 24시간은
너 나 없이 같은데

시간을 합리적으로 쓰면
하루가 24시간 이상
낭비하면 모자라

시간은 침묵, 숫자만 나란히
시계의 초침 소리가
교훈임을 모르고 지나

시간이 없다는 건
시간을 합리적으로
사용하지 못한 고백

세월이 빠르다는 건
세월의 교훈을 잊고
낭비한 시간을 후회

주어진 시간을 아껴
계획성 있게 활용하면
시간이 결코 모자라지 않아

시간 절약도 않으면서
시간 부족하다며
시간 탓하고 세월을 원망
어어 하다가 다 놓치고 마는 것

애 물 단 지

세월아!
가려면 너만 가지
왜 나도 데려가나

벗은 벗이되
말없이 침묵으로
동행하는 친구 있더냐

전생에 무슨 한이 있다고
그림자처럼 일거일동
감시하며 동행하느냐

피곤할 땐 쉬어 가면 좋으련만
너는 휴식도 없이 앞으로만 가느냐

하루하루 지날 때마다
달력의 날짜를 지운다
얄미워 적색으로 매정하게 쫙 긋는다

세월이 벗이라면 우정이 깊어
오순도순 대화라도 하련만
너는 침묵이 금이더냐

미워도 싫어할 수 없는 애물단지
버릴 수도 좋아할 수도 없어
애증을 같이하는 야속한 벗이여, 배신자여

시간의 속도

시간은 느낌에 따라
속도가 달라

기쁜 시간은
축하, 마음에 간직
계속되기를 바라나
기쁨은 순간 왔다가
빠르게 사라져

슬픈 시간은
마음의 상처, 상흔
속히 잊기를 바라나
슬픔은 쉽게 사라지지 않아

같은 시간도 느낌에 따라
길다 짧다 고무줄 같아
기쁨은 오래 간직하나
쉽게 잊고 슬픔은
잊지 못해 마음이 탄다

시간은
희비를 가려 저울질
인생은 희비의 연속
기쁨을 더 많이 주고
슬픔을 줄이려는 과정인가

미 래

우리 앞에 펼쳐질 미래
그림으로 그릴 땐
파아란 색으로 꿈을 표현하였지

색깔에 희망을 걸어
접근하면 마음은 두근거렸지
자기도취 춤도 추었잖아

그러나
내일의 세상은
색깔도 그림도 아냐
미래는 미지의 세계
현실과 이상의 싸움이야

미래가 다정히 가까이 와
희로애락 같이하는 친구라면
우리는 두 손 모아
박수와 갈채를 보낼 텐데

희망의 미래 숨바꼭질
오리무중, 잡힐 듯 말 듯

미래는
희망으로 가슴이 부풀어
해가 뜨면 밝은 날 찾아오듯
행복도 그렇게 오면 좋으련만

불청객

먹어도 배부르지 않고
굶어도 배고프지 않은데
때만 되면 찾아오는 불청객

동고동락하면 의리가 있어야지
쉬지 않고 어디론지
달아나는 무정한 너

너를 탓하는
나는 무기력해
너의 마력에 배신감마저

너는 나와 함께 달려왔지만
난 너를 사랑한 일 없어
모든 것을 네 탓으로 돌리며
원망하다가 이젠 지쳤다

쉬어 가자 해도 도망가는 너
나에게 진 빚이 그리 많던가

무심한 너만 탓하다가 지쳐
거울 속의 나를 보니
백발을 보라며 진정하라 하네

불청객은 슬퍼하지 말라며
붙잡지도 못하면서 아쉬워 말고
세월을 아끼며 사랑하라 하네

때가 되면

폭서, 열대야
견디기 어렵지만
때가 되면 사라진다

혹한, 태풍 몰아쳐도
참고 견디면
시간과 함께 물러간다

가난이 삶을 울려도
노력하고 힘쓰면
벗어난다

사랑이 마음을 조여도
진심으로 사랑하면
이루어진다

시험이 날 시험해도
노력과 공든 탑은
헛됨이 없이 보답한다

성공은 노력, 쌓은 대로
때가 되면 이루어지는
필연의 보상
실패는 시행착오 깨달을 때
성공이 보이는 것

무 죄

초침은 돌고 돈다
세월을 재촉하는 소리
재깍재깍 들릴 듯 말 듯
어서 가자 손짓하는
무심한 세월의 선두 주자

말이라도 하면 밉지나 않지
말도 못 하면서 행동은 빨라
냉정한 초침, 마음을 울린다

시간 당기며, 세월 끌어안고
지금도 쉬지 않고 돌고 돈다

가냘픈 초침
연약하기 그지없는데
어찌 무거운 세월
등에 업고 힘들지도 않은가

세월을 미워하나
너를 미워할 수는 없어
네가 세월을 보내는 게 아니니까

네가 쉬면 시간도 쉬어 가면
좋으련만, 너는 대역일 뿐
초침은 무죄, 울며 겨자 먹기로
너를 원망하면서 충전을 하다니…

어어 하다가

새해가 오면
새로운 마음으로
알찬 계획 세워
성실하게 지키겠다고
다짐하지만, 작심 3일

가족과 함께
단란하게 행복한 가정
웃음꽃 활짝 피우겠다는
그 결심 어디로 가

친구가 제일이라며
세상만사 토론하고
웃다가 집에 오면, 텅 빈 방
무엇을 놓고 온 것 같아

하루하루 읽고 쓰고
반복해도 채워지지 않는 허전함
지워지는 달력의 날짜들

확실히 잃은 것은 시간, 세월이야
절약해도 세월의 속도는
말릴 수 없어
어어 하다가 1년 가고 10년 가
죄 없는 달력 날짜만 지워져 만신창이

잔인한 침묵

시간을 쌓고 모아
때가 되면 역사와 함께 안녕
떠나가는 세월, 매정한 너

헤어지면 아쉽지도 않나
삼라만상 뒤로하고 침묵
그리 입이 무거우냐

근하신년이라
꽃다발 받으면서
너는 인사조차 없어
목석같은 너에게 애걸하며
매달리니 가련하지도 않느냐

무정한 너에게 정을 주다니
메아리 없음을 알면서
소원을 빌다가 원망으로 변하기
그 얼마던가

세월아!
침묵은 금이라지만
너의 침묵은
역사의 증언을 거부하는
잔인한 침묵이라는 것을 모르는가…

시간은 금

금은 돈으로 살 수 있으나
시간은 살 수 없어
시간은 파는 자, 사는 자 없어도
모두가 갖고자 하는 것

시간은 공유하나 지분은 달라
활용에 따라 천차만별
가질 수 있으나
저축은 불가, 절약만 가능

시간은 공평, 기회는 균등
출발은 같으나
결승점에선 서로 다른
구체적 개별차

시험 문제는 공개되었는데
문제를 풀지 못해
정답 찾기, 논리력은 어디로 가고
우연으로 승부?

시간과 씨름
시계를 탓하다 뒤돌아보니
선수들은 이미 결승점에
금이 귀하고 아까우면
시간도 아껴야 하는데…

제4부
뜻으로 본 세상사

힘들 때는

힘들 때는 좋았던 때를 떠올려요
힘들다고 물러설 수는 없잖아요
삶이 전부 힘든 것은 아니니까요

미래는 불확실하기에
예측도 어려워
시행착오로 힘들 때가 있으나
좌절은 금물

힘들고 판단이 어려울 때는
지혜를 스승으로
지혜가 힘을 줄 것입니다

힘든 일이 생긴 것은
문제를 해결할 능력을 시험하는 것
돌파력을 찾으라는 것이지요
기회의 제공이니까요

세상살이를 세파라고 하지요
바다에 풍랑이 있고
세상엔 사회악이 판을 치고
하루도 조용할 날이 없지요

그러기에 풍파를 헤쳐 나갈 힘을
지혜로운 분들의 경험에서 찾아
응용하여 극복하라는 거죠

외로워 말자

우리는 모두이나 하나야
하나를 벗어나려 하지만
나는 나고 너는 너야
내가 너일 수 없고
네가 나일 수 없어

둘, 셋, 넷 어울리지만
헤어지면 각각이야
나는 나를 찾는 거야
나는 나로 돌아오는 거야

원래 하나인데
잠시 어울려 놀다가
하나로 돌아오는 거야

하나이기에 모였다 헤어지고
외로워할 건 없어
혼자가 본질이니까

나는 혼자이고 하나이기에
외로운 게 아니고 느낌이
나를 외롭게 만든 거야

나는 본래 홀로이기에
고독의 관념은 시간 낭비야
외로움은 사전에나 있는 것
고독은 사치야, 손해라고 외치자

마음은 어디에

희비의 정체가 무엇이기에
기쁘면 웃고 슬프면 울고
어울리면 노래하고
싫으면 돌아설까

좋아도 싫은 척
싫어도 좋은 척
날 감추고 무엇을 위하여
왜 그랬을까

위선으로 포장, 착각으로 망상
알아도 모른 척, 몰라도 아는 척
세상 처세가 그리 어렵더냐

좋은 것은 좋고
나쁜 것은 나쁜데
선을 못 긋고 두루뭉술하게 살았나

세월 가고, 친구 가고
이웃도 가고, 모두 갈 준비
산천도 그 산천 아니고
옛정은 세월이 앗아 가

마음은 갈 곳 없어
허공을 바라보니
석양에 주름살 노을 지네

지우지 마

이 세상이 있으면 저 세상도 있겠지
그 세상 있기에 이 세상 아니던가
저 세상이 천국일 수도
아니면 지옥일 수도 있으나

홀연히 바람처럼 떠나
잊히면 무엇이 남나

찰나의 시간에 쌓으면
얼마나 쌓겠나
아귀다툼 남가일몽이잖아

무엇을 남길까
우물쭈물하는 사이
세월은 가혹하게 달음박질

영혼은 하늘나라
육신은 흙으로
영혼 구원마저 없으면
삶은 얼마나 허무할까

지금까지 살아온 이유
수필로 시(詩)로 혼을 담아
세상에 선보여 바보 같은 삶
그래도 지우지 마
삶이 그러했으니까

줄 서 기

옳다고 우기며 큰소리
잘못 알면서 자존심으로
물러서지 않아

나만 옳고 너는 틀리다는 독선
대화력, 설득력 없을 때
나를 앞세우는 이기적 자아와 집착

토론의 결론도 옳다는 보장 없는데
물러서지 않는 아집, 독불장군

의견은 상대적인 것
언제나 바뀔 수 있는 것
상대방을 존중해 협의하고
결론을 도출하는 것이 지름길

즉흥적으로 분위기에 추종
쏠림 현상, 편향은
민주 토론의 실종

울타리에 갇힌 줄 서기
길을 잃은 방황은 자기모순
양심이 울 땐, 이미 늦어…

줄 서기는 질서 유지의 기본
문화생활의 기초인데
입신양명 위한 줄서기로 변용
이를 통곡해도 귀를 막는 이 있으니…

맹 종(盲從)

그는 다수결은
구성원의 개별차 전제해야 하는
민주주의 결론 방식
부득이한 차선책이라고 했지

그리고 민주주의 방식을 채용한
상대적 방법이지
절대적인 방법은 아니라고
호언장담했었지

그런데 다수결은
구성원의 이해관계로 얽혀
소신과 무관하게 맹종
민주 방식의 탈을 쓴
독선적 방법으로 전용

양심에 의한 소신을 지켜 주고
토론의 과정, 공정이 전제될 때
비로소 다수결의 원칙은
정당성을 발휘한다고 강조

소수자의 존중이
핵심이며 본질이라더니
그는 울타리에 갇히자
언행 불일치, 곡학아세로 변했다

추 월

그때
손녀는 할아버지 앞에서
눈도 마주치지 못했지
할아버지의 위엄에
순종이 효도였는데

요즈음
손녀는 전자 문화로
너무나 영특해
할아버지가 어른 노릇 힘들어

손녀는 스마트폰이며
인터넷, 외국어까지 능숙해
재롱떠는 어린애가 아냐
지능은 어른을 추월
격세지감이 느껴져

어른 위엄 세우기는 시대착오
시대 발전에 따라 손녀는 성장
할아버지가 어른 노릇은 못 해도
앞서가는 손녀가 대견해

손녀가 할아버지
추월하는 건, 반칙 아니야
축하할 일, 앞날이 밝다는 증거야

초 월

축복으로 태어났으나
생애는 축복보다는
광야에서 태풍과의 싸움

고초를 극복하고
평안을 찾을 때
세월은 어서 가자며
우리를 한계 상황으로

시간과 공간을 초월
영혼 구원의 빛이
육신의 한계를 극복

꽃이 떨어져도
봄에 다시 피어
생명을 연장하듯

선택받은 영혼에게
영원의 은전을
베푸는 것은 큰 선물

현실의 한계를 초월
피안의 세계가 있기에
오늘이 괴로워도
내일이 어두워도
참고 살아갈 희망이 있는 것

설 경(雪景)

뽀드득뽀드득
눈 밟는 소리
걷는 만큼 밟은 만큼
도장 찍듯 흔적 남겨

어릴 적
추억이 새록새록 눈싸움
눈사람 만들기
눈경치 겨울 사랑
눈 사랑이었는데

오늘의 겨울, 눈경치
세월은 가도
그때 그 광경이건만
이젠 눈을 보면
세월을 읽고 나이를 센다

낭만은 추억으로 남고
온 누리 흰옷 입혀
지은 죄 덮으려는가

옷 벗으면 어둠 또 오려나
눈 녹듯이
아량으로 포용하려나

안 식 처

텃밭의 단감나무
이름 모를 새들
홍시 쪼아 먹더니
어느 사이인지
새집을 지었다

새들도 밤이면
저들의 안식처를 찾아
휴식을 취하나 보다

저들의 소리, 짹짹
저들의 말이겠지
리더의 지휘에 따라
일사불란하게 드나든다

옛날엔 고향 초가에서
새집 찾아 새를 잡았었지
우리는 재미였지만
저들에겐 안식처의 피습

약육강식
그들의 행복한 안식처
생명체의 삶은 같은데
처소를 공격하고 재미있었다니…

이런 사람

어느 날 신문 광고
"사람 찾음, 현상금 50만 원"
"애견 찾음, 현상금 100만 원"

어이 하여 사람 대우
이렇게 추락하였을까
반려견 사랑의 시대적 반영인가

기쁠 때 축하하고
슬플 때 울어 주고
외로울 때 곁에 있어 줄 사람
어려울 때 도와줄 사람

더울 땐 양산, 비 올 땐 우산
삶의 짐은 덜어 주며
여행길에 동행자 되어 줄 사람
길 잃을 때 찾아 줄 사람
희로애락 같이할 이런 사람

좌절할 때 용기를
삶에 희망 줄 사람
오늘은 보고 싶고
내일은 기다려지는 사람

세상을 다하는 날에도
옆을 지켜 줄 고마운 사람
이런 사람은 어디에…

정리하라고?

서재 책꽂이에 가지런히
진열된 책들
책 속에 길이 있다기에
길을 찾으려 모으고 모은 장서

읽지 않은 책
장서는 사치라고 했지

먼지 묻은 책, 손때 묻은 흔적
사랑과 정이 배어 있는 것들
나의 혼이 깃들어 있는데

이젠 이걸 정리하란다
가져가지도 못할 것
받을 사람도 없지 않느냐고

장서는 나를 위한 것
답을 주고 친구 되어
외로움을 달래던
고마운 멘토를 정리하라니

독사진을 찍을 때도
서재가 배경이었고
외로움을 달래 주며
나를 위로하는 책들인데
그걸 정리하라는 뜻은?

장미 일생

장미는 색깔이 다양
색깔마다 꽃말
사랑도 색깔 따라
꽃말처럼 닮아 가

그때는 꽃말에 따라
선물도 달랐지
시간이 흐르니
꽃말의 낭만은 잊고
장미의 운명에
나의 삶을 비교

예쁜 꽃일수록
시들 땐 더 추해
가시로 꽃을 보호
꽃이 시드니 가시도

장미가 시들자
날아오던 나비
찾아오던 벌들도 뚝 끊어져

인간사도 그런데
너희들도 그렇구나
잘나갈 때 따르던 자도
시드니 뚝 끊어지는 것 말이야…

재발견

처음이 중요하나
또한 처음이 문제야
발견은 처음이고
재발견은 다음이지
처음은 서툴러
직감이 좌우하잖아

이성보다 감성이 앞서고
객관보다 주관이 앞서니
처음은 눈에 반짝하는 순간
심장을 두들겨 착오를
처음이 모두 좋은 건 아니잖아

첫인상이 좋았지만
자주 만나다 보면
사람을 알게 되지
첫인상은 중요하지만
부분이 전부를 앞설 수는 없어

발견도 마찬가지야
처음엔 새롭고 신기하나
세월의 흐름 따라 살다 보면
처음 발견이 착오일 때가 많아
그러기에 재발견이 필요한 것이지

참 사 랑

첫사랑이
결혼으로 성공하면
행복한 첫 출발

저마다 평범한 일상적인
성공을 안고 흐뭇하고
행복하게 살아간다

평범 속에 행복이 있는데
좌우를 두리번거리며
고상하고 특별한 행복 꿈꾸다
잠에서 깨날 땐 허상만 남아

첫사랑 못 잊어 그리워도
그건 젊은 날의 추억으로
새출발 앞에
지워져야 하는 것

누군가는
비련으로 끝날 때의
애절함을 겪어야
참사랑을 안다고 하지만
그 사랑은 소설 속의 사랑
못 잊어도 잊는 게 참사랑

낙조의 낭만

해님이 일과를 마치고
바다 속으로의 잠수 순간
노을의 화려한 장관을 연출
감사와 석별의 정이 교차

대낮을 밝히며 하늘에서 우주에
시혜를 베풀어도
감사를 잊은 피곤한 사람들
은혜가 일상화되어 몰라라 한다

찬란한 광열의 빛을 뿜고
광활한 바다 속으로
바다는 이를 포용하는
천지조화의 명연기!

바다 없는 시골 소년은
바다를 몰랐기에
낙조 장면, 황홀감 잊을 수 없어
잠을 못 이루었지

그때는 낙조의 낭만이
그림처럼 아름답고 환상적이었는데
삶의 때가 먹구름으로 시야를 가려
그 낭만은 어디로 가고
낙조를 보며 나를 돌아보는가

꿈 나 무

어린이는 희망이고 꿈
미래의 넓은 무대에
희망을 심고 꿈을 키워
뜻을 펴는 무한의 가능성

의기양양한 꿈나무
굽은 나무보다 쭉 뻗어 하늘로
치솟은 나무가 재목감으로
유용하다고 기르고 키웠지

곧은 나무보다 굽은 나무가
선산을 지킨다는 명언이
마음에 와닿아, 어루만지기도
모든 나무가 꿈나무니까

세월이 지나다 보니
세상의 공해에 시달려
면역력이 약화, 도전을 못 이겨
시류에 물들어 시든 나무
나무는 나무로되 버림받은 나무

그 꿈나무들
세월은 흘러도 꿈은 버리지 않고
나무처럼 꿈은 야무지고 곧게
하늘로 높이높이 솟아올라라

나를 우리로

인생은 귀하고
보배로운 만물의 영장
축복의 화신, 은혜와 섭리의 상징

생각하고 사랑하며
나를 우리로 연대 의식의 분자로
태양만 보아도 정열이 불타오르게

나는 나에서 그치면 나로 끝나
나를 밀알의 씨로 우리로 확장해야
나의 존재 이유
인간의 존엄성의 구체적 실현

나무가 자라고 그치면 무슨 소용
용도가 있어야 하듯
우리 모두 보람 위해 헌신
내가 나를 우리로 승화

나를 있게 했던 행적
이제 반추에서 벗어나
새로운 길 개척하며 나아가야 한다

연대를 향한 몰아(沒我)의 경지
잠자던 잠재력 깨워
나를 우리로 키워야만 한다
그게 바로 내가 살아야 할 이유

재능

타고난 재능
발견하여 키우기도 전
진학과 생업으로 손 놓았던 것

누구에게나 기회를 놓쳐
발휘하지 못했던 재능

재능을 잠재워
계발을 포기하는 건
우리 모두의 손해
자신의 능력 재발견이 필요

재능이란
타고날 때부터 지니고 있으나
찾지 못한 것일 뿐
재능에 따른 직업을 찾지 못하고
현실적 필요에 따르다가
재능을 잃고 놓친 것

좋은 취미는
재능의 잠재적 신호
찾아서 발전시키는 것
자신의 재발견이요, 삶의 혁신
재능은 재워 두면 죽은 재능
살리면 살아서 꽃피우는 것

삶의 변화

전반전의 삶은
주택을 설계하듯
삶을 설계, 목표를 설정하고
계획하는 삶

서툴지만 시험하는 삶
성공의 초석을 놓는 삶
계획과 실천을 조율하는 삶

중반전의 삶은
삶의 계획을 점검하는 삶
시행착오를 발견하는 삶
새옹지마도 경험하는 삶

삶의 변화 변곡점의 시기
실천 이행 여부의 점검
성공 여부의 자기반성
초지일관 동력 확보의 삶

종반전의 삶은
삶의 완숙기
삶의 대차대조표
삶의 손익계산서 작성

삶의 회고적 성찰
삶의 교훈 유업으로 남기기

낙엽귀근(落葉歸根)

이른 봄날
초록색으로 분장
세상에 얼굴 내밀며
의기양양 선보이고

여름엔 파랑으로
싱싱함 자랑
더위를 이기고

선선한 가을엔
들녘의 오곡백과
반갑게 만나기도 전에
엄마를 위해 낙엽으로
희생하는 효도

흙 뿌리 엄마 품속으로 가는
쓸쓸하나 기특한 너

센바람 불면
길로 날아가 밟히고
흔적 없이 사라지는
너의 운명이련만
바람에 날려도 엄마를
찾아가는 갸륵함이여

본디 났던 곳으로 돌아가는 것
엄마 품이 마지막이기에

갈등

칡과 등나무
저마다 특성으로 잘 자라나
둘이 만나면 서로 엉켜 상극

줄기가 서로 얽혀
숨통을 조이며
둥치를 감아 올라가
얽히고 풀리지 않아
만나지 않아야 할 사이

우리의 삶
이해관계 대립, 다양성으로
갈등은 필연
침묵, 공감, 조정으로
해결책을 강구하면 갈등은 풀려

갈등은 불화의 원인
양보와 화해로
겸양의 미덕을 발휘
한발 물러서면 희망은 보여

우리는 동행자이나
대립과 모순 속에
구체적 개별차, 갈등은 불가피
삶은 갈등과 싸우면서
화합하며 발전하는 것

짐

낙타에게 오르막길 내리막길
어느 길이 힘드냐 물었더니
"길이 힘든 게 아니라
등에 짊어진 짐이 힘드오" 했단다

태어날 때
축하의 박수 보내지만
평생의 고해는 이겨 내야 하는 짐

입학할 때
공부의 즐거움 기쁘지만
평생 경쟁에서 싸워야 하는 짐

졸업할 때
학업을 마쳐 홀가분하지만
직장의 문턱에서 시험당하는 짐

시험 때
객관성 판단이라지만
당락이 미래를 결정하는 짐

결혼할 때
사랑의 결실에 대한 축하보다
가정의 책임으로 무거운 짐

삶은 짐을 들었다 놓았다
세상만사가 짐 아닌 게 없어
짐 내려놓으면 또 다른 짐이 기다려

거울

그때까지
너는 나의 얼굴
씩씩하고 힘이 있어 보였지
하루에도 몇 번 잘해 보자
다짐하며 맹세한 것 너도 알잖아

그런데 언제부터인지
너는 내가 아니었어
나의 모습은 어디 가고
세월이 탈색, 빛 잃은 초상화

너를 보고 날 알기에
씻고 닦고 공을 들였는데
나를 낯선 얼굴로 비추다니

웃으면 웃고, 울면 울고
나를 녹화한 다큐멘터리였는데
너는 어찌 세월을 각색
일그러진 초상화를 나라고 하나

너는 나와 함께 살아왔는데
나만 세월의 피해자
이제 너를 보지 않으리
닦아도 씻어도 내가 아니니까

삶의 재음미

들이나 산이나 여기저기
돋아나는 잡초
햇볕과 공기 벗 삼아
보는 이 찾는 이 없어도
무럭무럭

하늘을 나는 이름 모를 새들
찾는 이, 기다리는 이 없어도
하늘 누비며 사이좋게 춤을 춰

어디서 와서 어디로 가는지
그들의 삶에도 노래와 꿈 있으련만
그들의 세계는 알 수 없어

삶에 앞뒤, 위아래 어디 있으랴
삶이면 그만인 것을
그저 씨앗 뿌리고 번식하는
그대로가 아름다운 것을

삶을 멋있게 행복 위하여
가식 앞세우다 다치고
해 끼치는 피곤한 억지 삶
잡초처럼 허울 벗고
하늘 나는 새처럼
가벼이 살면 어떠하리

제5부

삶의 재조명

365 계단

계단 앞에 선다
눈으로 계단을 센다
깊은 호흡으로
앞과 위 바라본다

첫 계단은 쉽게 밟고
단번에 두 번째 계단
가뿐히 올라간다

급해도 한 계단 한 계단
차근차근 올라가야 한다
1년 365일도
하루하루 쌓이듯 말이다
하루를 건너뛸 수 있던가

365계단 오를수록 힘들어도
처음부터 천천히 꾸준히
오르다 보면 계단 끝에 오르겠지

계단 오르며 아래를 본다
모두가 아래로 보이지만
아래가 있어야 위도 있는 것이지

계단은 삶이요, 질서
천 리 길도 한 걸음부터인데
알면서 모르는 듯 오르내린 것

길은 멀어도

길은 자연에서
문명으로 가는 공간
험한 곳도 걷다 보면 길이 되고
길이 되면 지름길도 됩니다

막힌 길은 뚫고 좁은 길은 넓히고
먼 길은 앞당겨 길을 다듬을수록
우리의 길이 됩니다

복잡한 사거리 교차로 만들고
도로가 좁으면 넓히기도 합니다

길이라고 모두 걷는 것은 아닙니다
걸어야 할 길이 있고
걸어서 안 될 길이 있지요
길은 질서요, 약속이니까요

길은 이질감을 동화
소통도 하기에
다르나 하나로 가는 길

길은 멀어도
가까이 갈 수 있는 길
가까워도 돌아가는 길
종점에서 같이 만나도
길은 바르게 가야 하는 것

자랑거리

하늘을 나는 새
날개 자랑

아름다운 꽃
향기 자랑

사자는
동물의 왕임을 자랑

저마다 자랑거리
저를 있게 하는 긍지, 자부심

세상을 풍미하던 인걸도
세월 앞에 미물임을 깨닫고
보람도 긍지도 부질없다는
평범한 세상 이치에
고개 숙여

세월 앞에 장사 없어도
한때를 누비는 자랑거리
기르고 닦아
청사에 빛나는 발자취
뜻을 심어 빛은 발해야

그 자랑은
개인을 뛰어넘어
우리의 것으로 빛날 것

모난 돌

강가에는 동그란 돌
산에는 모난 돌
강에는 동그래서 예쁜 돌
산의 돌은 모가 나 미운 돌
모난 돌도 동그란 때가 있었지

차이고 밀려
온갖 시련 겪으며 버림받은 돌
너는 모가 나서
그나마 살아남는 행운을 지녔다

예쁜 돌은 조각, 장식품으로
빛을 보지만
모난 돌, 너는 푸대접
흙에 묻히거나 여기저기 뒹굴어

깨어지고
밭에 버려져 만신창이 되어도
흙 사랑을 못 잊어 흙으로 돌아가
왔던 자리로 돌아가는 너

너는 세월도
바람도 두렵지 않아
발에 차이고 돌팔매로 버려져도
마지막엔 자연이 널 기다리니까

너와 나

하늘의 별만큼
바다의 모래알만큼
많은 것들 중에 기적 같은 만남

우연한 인연이 필연으로
너와 내가 우리로
백년해로 다짐하던 굳은 언약

너 아니면
너도 나도 남이었겠지

하마터면 남일 텐데
인연으로 너를 알고
내가 너, 네가 나라니
혼연일체 신비한 힘이었지

인연이 아니면 남남인 것을
우리로 맺어 준
사랑이 사랑을 낳아
사랑의 가정이 탄생

든든한 울타리로 보호
마음은 평화, 행복
삶은 생기 돌아 꽃향기
나를 너로, 너를 나로
착각해도 마냥 좋았던 그날들

정의 실종

너를 위해 나를 버리고
학교에서, 길에서, 광야에서
구호를 외치며 싸웠지

싸워서 너를 찾았잖아
너는 우리의 이상인데
너를 전리품으로 착각
또 싸워 너는 상처투성이
아프단 말도 못해

너는 외로워
이쪽에선 내 편
저쪽에서도 내 편
너는 난도질당해

너는 숨 쉴 틈 없어
책 속에서 잠자다가
세상에 나오면 아전인수
내 것이라 아우성, 이전투구

너는 행방불명, 실종
오늘도 너를 찾지만 오리무중
찾아도 너는 만신창이
너는 바른길, 하나인데
너를 내 것이라 오판하는 세상

울 타 리

담이 높다고
뛰어넘지 못하겠나
문 여는 열쇠 있는데
문 못 열겠나

담도 모자라 접근 금지
이웃 사랑 외치면서
경계하는 방어 시설

울타리도 모자라
삼엄한 방범 장치
믿으라면서 의심하는
어제와 오늘

예방이 우선이라며
감시에 전력
불신이
평온한 가정을
불안과 긴장으로

울타리 헐고 오고 가는 이웃
선물이 오가고 술잔이 오가게 해

우리 모두
믿고 화목한
이웃이 되는 그날 언제 오려나

구름의 연출

구름이 바람 타고
어디론가 간다
구름은 천태만상 연기하며
온 세상 내려본다

흰 뭉게구름 용트림하며
만났다 헤어졌다
끼리끼리 조화 이루며
하늘을 수놓는다

구름은 해를 피해 숨다가
피곤하고 보는 이 없어
실망해서인지
검은 구름으로 돌변
주먹 같은 소나기로 놀라게 해

물방울은 하늘을 날지 못하는데
구름은 물방울이면서
하늘을 배경으로 여행을 하는 신비

구름은
세상이 어수선하면 비로 돌변
천둥번개로 겁을 주다가
맑은 구름으로 모른 척 시치미
그 연출 이유는 무엇일까?

화 합

너와 나는
너는 너고 나는 나다
그러나 우리의 울타리에서
공존 위해 우리가 되는 것

우리를 위해
나는 나를 숨기고
너도 우리를 위해
너를 숨기고 사이좋게 화합

화합은 개성을 인정하되
대의를 위해 양보하는 것
무턱대고 어울림이 아니라
우리를 위해
서로 잠정적인 후퇴

양보는 포기가 아냐
물이 흐르도록 장애물 치우는 것
화합은 얽힌 것을 푸는 것이니까

화합은 인격의 향기가
조화를 이루는 것
대의를 살리는 게
우리의 공존
나의 본질을 지키는 것

꽃의 애환(哀歡)

나는 예쁜 색깔
탐스러운 봉오리
향기로 벌 나비 부르며
짧은 생애 보내다
시들어 떨어지면 씨앗으로

그들이 나를 예쁘다 감상하면서
때로는 나를 꺾을 땐
피를 토하듯 아픈 것 아시나요

나의 허리를 꺾어
그들은 꽃병에 꽂아
전시하거나 안방에 두지요
나는 나비와 벌의 친구이지
그들의 노리개가 아닌데

예쁘면 감상해야지
상처 주면 나는 존재 이유 잃어
내가 아닙니다

그들은 왜 예쁘면
나를 꺾으려 합니까
꽃이 사랑스러우면
독점하려고 꺾는 것입니까?
꽃을 보면 부끄러워서입니까?

국화 한 송이

그는 고인과의 이별을
애통해하며 흰 국화 한 송이를
영정 앞에 드리고 눈물을 흘렸습니다

그는 고인 앞에서
인생의 무상을 애통해했지만
자신의 처지를 생각하면서
더 깊은 슬픔으로 많이 울었습니다

국화 한 송이, 고인이 가는 길에
무슨 위로 되겠습니까
하얀 색깔처럼 맑고 밝게 살았던
고인의 심성을 너무나 닮아
고인을 만나는 것 같았습니다

영정의 웃는 얼굴
곧 뭐라 말할 것 같은데
침묵이 흐르고 있습니다
벌써 세상이 달라진 것인가요

신진대사, 자연의 섭리 앞에
모래알만도 못한 미물이
하늘 높고 바다 넓은지 모르고
오늘을 사는 게 기적일 뿐입니다

몰랐을까?

그는
정의는 찾고
양심은 지켜야 한다고
열변을 토하더니
갑자기 표변하여 다른 사람

벌이 꿀을 찾고
나비가 꽃을 찾듯
양지를 고르더니 꿈속에서
헤어나질 못합니다

해바라기만 찾더니
해바라기 시드는 건
몰랐나 봅니다

꽃의 향기 찾더니
꽃 시드는 건
몰랐나 봅니다

화무십일홍은 알면서
토사구팽, 배은망덕
사자성어는 몰랐나 봅니다

날 흐리다 우산은 찾으면서
기상 이변은 몰랐나 봅니다
그는 정말 몰랐을까요?

마음의 문

문을 연다
손으로 열지만
마음이 명령하는 것

마음의 문이 열리다
닫히다 반복하느라
마음은 바쁘다
언제 열지, 언제 닫을지 긴장

열고 닫는 게 마음이지만
마음의 결정이
반드시 옳은 게 아닌 갈등

마음의 문은 스스로 여닫지만
주변의 유혹에 번민과 갈등
혼란을 일으키기도

마음의 문이 열리면
거리감은 좁혀
마음의 평온이 찾아오나
평온이 마음을 사로잡지는 못해

마음은 수시로 변하는 것
마음이 불안한데
마음의 문이 열렸다고
항상 옳은 건 아니잖아

나도 모르면서

눈을 감으면 앞이 안 보여
어렴풋이 검은빛이
잔영(殘影)으로 남아

눈을 감고 내 얼굴 그려도
떠오르지 않아
내가 나를 몰라

눈을 감으면 식구의 얼굴
친구의 얼굴
이웃의 얼굴은 보인다

남의 얼굴은 보여도
내 얼굴은 보이지 않아
남의 눈에 티는 보여도
내 눈에 가시는 안 보이듯

내가 나도 모르면서
남을 내 앞에 세우고
시험한 시간들

나는 나를 알려 했지만
수수께끼 풀지 못하고
시험하다, 시험당하다
"너 자신을 알라"라고 하던
철학자의 말에 답을 못 해

편 향(偏向)

내 편, 네 편 모두 우리인데
우리는 왜 갈려 싸우나
운동회 때 편 갈라 싸우던 땐
재미있었지

그 편 가르기가
전염되어서일까

네 편이 옳아도
내 편이 아니라는 이유로
그르다고 우기고
내 편이 틀려도
내 편이라는 이유로
옳다고 우기고

부정한 논리로 가치를 전도
정의는 하나인데
편향에 따라 정반대
정의의 순수성이 오염되었다
편향이 가치를 전도

편향은 아집, 바람이 불어도
흔들리지 않는 건 소신인데
주관이 객관을 멍들게 해
한 걸음 물러서면 될 것을…

행복의 주소

행복의 주소는 어디?

행복을
권력에 두는 사람은
권력을 잡기 위해 노력하고
명예에 두는 사람은
이름 석 자 남기려 노력하고
재물에 두는 사람은
재물 모으기에 노력한다

그러나
권력은 권불십년 허무하고
명예는 무형이라 실체 없고
재물은 탐욕이라 끝이 없어
행복의 충분조건 어려워

행복은 멀리 있는 게 아니라
가까운 곳에 있는데
잡기 어려운 걸 잡느라 허송세월

행복은 따뜻한 가정, 안식할 집이 있고
기다리는 아내, 아들딸 있으면 더 좋고
세끼 굶지 않을 끼닛거리 있으면 족한 걸
왜 멀리서 찾을까?

기 다 림

어린아이가
시장 간 엄마 기다리는 것
학교 입학 날짜 기다리는 것
엄마가 학교 간 아이
귀가 기다리는 것

친구와 사랑하는 사람
만날 시간 기다리는 것

시험 치르고 점수 발표 기다리는
숨 막히는 시간
선거 결과 피 말리는 절박한 시간

우리는 기다림 속에 살다가
기다림에 지쳤다
기다림은 애환을 동반
삶은 기다림의 연속인가

기다림이
그리움으로 발전할 때도
실망으로 좌절할 때도
웃으며 울며 같이 살아온 거야
희비는 다른 듯 같아
이게 인생이라니 연극 같아

용 서

사람은 사람이기에
잘못이 있는 것
잘못이 있지만 잘못을 알고
뉘우치는 사람
뉘우치지 않는 사람
두 종류의 사람이 있을 뿐

사람에겐 선악의 양면성이 있어
양심대로 따르면 선하고
양심에 따르지 않으면 악하고
양심의 잣대로 가름하기도

사람은 연약하기에
선악의 판단도 약해
잘못을 법으로 판단하는 것과
피해자가 판단하는 것과는 별개
한 번의 잘못으로 사람 판단은 문제

피해자는 가해자를
용서함으로써 관용의 미덕을 실천
용서는
가해자의 행위를 용서하는 것이 아니라
피해자 자신의 마음의 평안을 위한 것
용서는 마음의 자세야

신 의(信義)

믿음과 의리
믿음은 공존의 성립 요소
의리는 공존의 유지 요소

믿음은 너와 나를 우리로
너와 나를 우정으로
외롭지 말라고 맺어 준 인연

믿음은 가족을 가족답게
친구를 친구답게
이웃을 이웃답게
연대로 뿌린 씨앗

의리는 우정을 지키는
당위적 도리
희생을 각오하는 지조의 정신
인성을 지키는 최후의 보루

신의는
사회생활 공존의
성립과 유지 조건
인성의 출발이요
성공의 씨앗, 행복의 요소
최선을 다해
평생 지켜야 할 바탕

산책로 사랑

회동교 가는 길, 길들어 정든 길
잘 닦아진 농로, 농로가 산책로

왼편엔 포도밭
오른편엔 넓은 영동천
비 오면 폭포수가 장관
백조의 안식처 낭만의 천

좌우로 펼쳐지는 경치
여기가 바로 관광 명소
깊은 호흡 보무도 당당히
걸어야 산다는 산책로

길에서 만나면 목례
인사성 밝은 젊은이
밭 지키는 강아지는
반갑다고 꼬리 흔들어

산책로 가장자리
예쁘게 피어난 꽃들
산책을 반기며 환영하더니
겨우살이 휴식에 들어가
자취를 감추어도 또 만나겠지

하늘의 양털 구름
이 광경 두고 어디 가나
오늘도 내일도 산책로 사랑

다 양 성(多樣性)

다양성은
인간의 존엄성과 가치의 전제
민주 사회의 성립, 존속의 요소
서로 다름을 인정하고
의사 존중으로 싹을 키워야

다양성은 창의성의 산실
다양성의 무시는 전체주의 발상
공상, 상상의 발상이 발명의 단서
소설 문학의 소재
기발한 발상이 정설일 수도

서로 다른 의견, 행동은
얼굴이 서로 다르듯 당연
획일성은 비민주적인 것
토론 없는 결정은 민주주의 반칙

다수결은 만능 아냐
의사 결정의 부득이한 방법이지
최선책이 아닌 차선책
다수결은 소수자 의견 존중에 본질

다양성은 민주주의 씨앗이자 꽃
씨앗 뿌리고 물 주어 가꾸어야지
뽑거나 밟아서는 안 되는 것

걸음 따라

혼자 걸으면 힘든 길도
함께 걸으면 멀어도 가깝고
같이 걸을 사람 있다면
얼마나 좋은가

고향길 바위산 넘을 땐
땀 흘리며 손을 잡고 끌어 줘
산을 넘었는데 이제는
추억의 길로 흔적만 남아

카페에서 커피 향기, 담소 즐기듯
걸으면서 소곤소곤
세상만사 손안에 넣고
흥분하다가 진정하다가
열변 토하는 사이 8킬로미터

어려선 걸음마 익히려
얼마나 많이 넘어졌나
이제는 넘어지지 않으려
손잡이 찾느라 옛날 생각 잊었지

모든 일은 걸음마부터 시작
걸음 따라 인생도 따라가
걸음의 발자국 없어도
맘속에 새겨진 자국은 아직도 남아

고 독

고독이 싫어 너를 만나고
우리로 만든다

고독을 덜어 보려고
친구 사귀고 사랑 찾는다

고독을 잊고자
글을 쓰고 책을 읽어도
공허한 마음은 그대로

고독을 던다고
잊는다고 떠나지는 않아
고독은 태초부터 있었던 것

고독은 병보다 더 아파
병은 고칠 수 있으나
고독은 고치기 어려워

고독에서 벗어나려는 몸부림이
사색을 낳고, 과학과 철학으로
인간의 본질을 재조명
승화하는 계기

고독은 나에게 내재해 있는 본질
버릴 게 아니라
껴안고 가야 할 또 다른 나
사랑해야 풀 수 있는 것인가

꿈

지금까지 하루라도
만족한 날이 있었을까
아니 몇 시간이라도

시행착오를 거듭하며
반복하다가 세월만 보내고

이 세상 있으면
저 세상도 있겠지?
하찮은 잡초도 씨를 남겨
내년 봄을 맞이하는데

만물의 영장이라면서
잡초를 부러워하다니
잡초가 비웃을 듯

한계의 극복은 이성으론 불가
시한을 초월하는 힘은
현세에선 불가

이를 극복하는 것은
믿음의 정신세계
유한에서 무한으로의 구원은
우리에게 가장 큰 행복
삶의 희망이자 최고의 꿈

데스 매치

치열한 경쟁
약한 상대를 지명해야
이길 수 있는데
강자를 지명하여
역전을 노리는 대담성
승부의 수를 던지는 모험

상대방을 이겨야
다음 라운드로 진출하는
치열한 경쟁, 데스 매치
아름다운 승부의 현장

너를 이겨야 내가 사는
한 치의 양보 없는 경쟁
아름다운 음악이 들리지만
현장은 치열한 삶의 축소판

심사 결과를 예단하는
성급한 암시, 결과 오판
긴장의 시간, 망각의 촌극

결과 나오면, 희비 엇갈려
승자 축하, 패자 격려의 세계
패자 부활의 기적도 연출하나
이겨야 사는 삶의 현장
냉엄한 현실의 축소판이 현실

제6부
자연 예찬

해님 은혜

산책로 좌우로
포도원과 시냇물
건강 위한 공간
걸을 땐 해님이 따라온다
해님도 걷는다

내가 해님을 동반하는지
해님이 나를 인도하는지
나는 7,000보 걷는데
해님은 한 뼘만큼 앞서가
1억 5,000만 킬로미터의 차이

지구가 돌고 도는데
해님이 뜨고 지는 것으로
착각해도 받아들이며
하루를 밝혀 주는 은혜

해님은 우주 공간에
높이 떠 자연 만물에 생기를
자연 섭리에 감사하는 하루하루

해님은 오직 하나인데
가는 곳마다 해님이 보여
자연과 인류의 조화
해님 은혜에 감탄하는 하루하루

자연의 낭만

비가 내리는군요
하늘도 슬플 때가 있나 보죠
눈물이 비로 변해
기쁠 때도 눈물은 흐르죠
자연은 감수성이 예민

햇빛이 찬연히 빛날 땐
어젯밤 꿈이 좋았던가 보죠
기쁜 일이 용광로 같은 정열로
천지를 뜨겁게 달구니까요

먹구름이 하늘 덮어
천둥번개로 지상 덮을 땐
하늘은 섭섭한 일이 많았나 보죠
감사를 모르는 지상에 경종

낮을 밝히다 일과 끝나면 굿나잇
석양으로 황혼의 인사 남기고
바다 속으로 작별, 재충전인가요

시의 세계는 이래서 좋아요
자연을 낭만으로 색칠하면
자연은 친구로 가까워져
예찬하다가, 원망하다가
상상의 세계로 들어오니까요

아침 햇살

이른 아침 눈부신 햇살
찬란한 광채
파아란 하늘 수놓는
천지조화의 신호

아침을 깨우고
광활한 하늘 배경으로
지상에 베푸는 은혜
자연의 신비한 작품

곳곳에 비치는 햇살
가는 곳마다 햇살이 찬란하다
해는 하나인데
어디서나 해가 보여

오늘도 아침 햇살과 함께
호흡을 같이 하고
햇살에 감사하면서도
햇살 없는 날은 원망도 하죠

그러나 햇살은 아랑곳없이
자연의 신비 계획에 따라
오늘도 인류에 빛을 발하면서
하루의 시작을 축복하며
나처럼 빛나라 하는 듯…

해님의 교훈

해는 우주 만물을
밝게 비추지만
자랑하거나 교만하지 않아

이른 새벽 동녘
광채를 띠며
어둠을 깨우는 신호, 아침 인사

그 은혜에 감사하면서도
반복이 일상적이기에
해가 뜨든 지든 무감각

해가 뜰 땐
산천초목 기지개 켜며
생기 찾아 하늘을 바라본다

해가 질 땐
산천초목 우리 모두
휴식하라고 조용히 사라진다

누가 환송하지 않아도
감사의 인사 없어도
묵묵히 영원히 은혜 베풀고도
의연한 자태
겸손하게 살라는 교훈 주며
내일 만나자 인사하는 듯…

별의 추억

별은 밤하늘 수놓으며
높이 반짝이나
어둠을 밝히지는 못해
반짝이며 날 보라 손짓만

먹구름이 하늘 가려
어두운 날엔 가냘픈 빛마저
숨 조이며 구름에 막혀 숨어 있지

어릴 적 뒷동산에서 친구들과
별 하나둘 세다가
지쳐서 포기한 자리

별 하나, 나 하나 세며
사랑을 속삭이는 자리로 바뀌더니
이제는 흔적도 없는 추억의 자리

그때의 별은 어디 가고
새 별이 보란 듯
반짝이며 웃고 있네
구름에 막혀 만나지 못하는
서러움을 안은 별이여

아직도 못 잊어 스타로 명명하며
명예와 사랑의 징표로
사랑하고 있노라

산(山) 사랑

높든 낮든 산은 산
우뚝 선 산
높아도 내려보지 않아
나무와 겸손하게 공존

세월이 가고 사람이 가도
역사를 지키며 굳건하게 버티어
산을 통해 거쳐 가신
임들의 자취, 산 증거

자연의 버팀목, 든든한 허리
메마른 육지에
살맛의 지혜를 베풀기도

때로는 태풍으로 산사태
원망으로 미움받지만
치산치수 게으른 우리
누구를 탓하리까

산 중의 산은 바위산
비, 우박, 태풍에도
맨몸으로 버티는 의연함

산을 사랑하면
사랑하는 만큼 사랑받아
산처럼 살면 높아도 낮아지니까

춘하추동

봄은 초목과 새싹의 풀내
고개 들어 기지개 켜
엄동을 이긴 극기의 계절

여름은 초록 잎이 파랑으로
짙은 색깔 갈아입고
산으로 바다로 피서의 계절

가을은 결실의 추수 계절
황금물결 들녘 누비고
겨울 양식 흐뭇한 풍요의 계절

겨울은 북녘의 삭풍
따스한 아랫목 그리워
휴식을 백설로 덮어 주는 계절

사계절 춘하추동
따스하고 덥다가
서늘하더니 추워져

정도 계절 따라
봄에는 온정, 여름은 열정
가을은 훈정, 겨울은 냉정

사랑도 계절 따라
봄에는 은근하게, 여름은 따뜻하게
가을은 여유롭게, 겨울은 훈훈하게

흙

흙은 생명의 원천인데
콘크리트로
아스팔트로 숨 막혀도
호흡을 멈출 수는 없어

문명이 압박해, 밟힐지언정
죽지는 않을 것

산에는 나무, 나무
밭에는 오곡백과
꽃에는 향기, 벌 나비 날아드는
자연의 섭리

흙은 씨를 품고 햇볕 받아
생명의 신비를 보이며
삶의 기쁨을 만끽

문명이 편리를 낳고
문화가 정서를 함양해도
흙은 시간과 공간을 초월
영원한 생명의 어머니

흙이 없는 땅
흙이 없는 산과 들
상상할 수 없는데
흙을 덮고 문명이 천지를 흔들어도
흙은 호흡을 멈추지 않을 것

흙의 절규(絶叫)

문명이라는 이유로
흙냄새 향기와 숨통 누르고
문명의 꽃과 열매에 도취

나를 자연의 어머니라
칭송하는 감언이설에
눈과 귀를 막으며
순응하는 바보 되었다

나를 살리려 한 비통한 절규도
성자 같은 근엄함도
문명의 칼날에 혈흔만 남았다

그들이 밟고 간 자리
봄철에는 새싹들에 눈 뜨고
여름에는 빗물에 얼굴 씻고
가을에는 낙엽으로 몸 덮고
겨울에는 흰 눈으로 용서하고
세월과 함께 살고 있다

따뜻한 봄날 농부의 손길 다가와
날 쓰다듬고 어루만질 땐
맑은 공기와 햇볕을 만나
깊은 호흡을 하고 숨통 트였지

농부의 손길은 천사처럼
포근하고 따뜻했지
대화 없는 침묵이라도
이심전심 호흡이 맞아
엄마처럼 사랑을 쏟으려 했지

어느 날은 괴물이 나타나
심장에 충격을 줄 때 고통을 참으며
자연과의 이별이 슬퍼 눈물도

어떠한 고통에도 나는 부활을 믿어
본질로의 환원, 농부의 씨를 먹고
자라는 자연의 소산
자연의 순리에 순응하며 살았다

생명을 잉태, 키우는 신비를 외면
저들만의 삶을 위해 날 버리는
배신에는 단호한 응징을 하리라

난, 폭우와 눈보라 맞으면서 자연의
섭리를 감수, 그들에 봉사하나
그들이 배은망덕하는 날
나는 죽지 않고 영원히 살아남는
진리를 깨우쳐 주리라
나는 결코 죽지 않으리라는 교훈을

문명의 피해자이나 본질과 바탕은
살아 있어
자연은 나를 살릴 것이라는 것
자연이 영원하듯 나도 영원할 것

나의 절규에 천하도 공감할 것
나는 생명체의 원천
모두가 나로부터
낳고 죽으면서 나를 몰라라
눈을 돌릴 수는 없을 터이니까

꽃의 운명

나는 씨앗으로, 어머니 흙의 품에서
아버지께서 주시는 햇볕으로
세상에 눈을 떴지요

세상을 만난 은혜에
보답하고자 무럭무럭 자라
좋아라 춤추면서 탐스러운 봉오리로
활짝 웃는 날 기다렸지요

웃음꽃 피면 벌 나비 날아와
사랑을 속삭일 줄 알았는데
나는 어느 날 갑자기
허리가 난도질당한 채, 꽁꽁 묶여
낯선 곳으로 팔려 갔지요

운이 좋으면 축화, 나쁘면 조화로
나는 꽃으로 아름답게 살다가
곱게 일생을 마치고 싶은데
나의 운명은 기구해

예쁠 땐 향기 맡으며 좋아하죠
다행히 교회 연단에 진열할 때는
운이 좋은 거죠, 기도로 축복을 받으니까
그러나 시들면 가차 없이 버림받죠
시드는 건 나만이 아닌데
왜 나만 버림받아야 하나요?

난초 두 송이

텃밭의 난초, 어버이날
두 송이가 피었습니다

난초도 어버이날을
알고 있나 봅니다
때맞추어 활짝 피니까요

햇빛, 물만으로도
5월, 때가 되면
난초 꽃송이 연약해
바람에 날 듯 가냘프나
꽃 필 땐 강합니다

칼집 모양 긴 잎으로
보호받으며 주인 몰래
오늘은 두 송이가
밤사이 피었습니다

부모님께 드리지 못하는
카네이션, 난초로 대신하라는 듯
난초 꽃봉오리도 기다리고 있습니다

꽃향기 자랑하고
청초한 아름다움 전합니다
고고한 자태 세월 가도 변함없겠지요

야 생 화

깊은 산속 산기슭에
외로이 피어 있는 야생화
보는 이 없어도
해마다 피고 지네

산이 좋아 계곡이 좋아
거친 골짜기에서
피어나는 외로운 꽃이여

햇빛 받고 비 맞고
바람 불면 부는 대로
눈 오면 오는 대로
의연한 자세, 산야의 꽃이여

먼 길에 나비가 찾아오나
벌이 찾아오나
오든 말든 알 바 없어

낮에는 해님 보고
밤에는 달님 보고
새들이 찾아와 노래하면 부르고
꽃 피다 지면 흙으로 돌아가

어찌 너를 야생화라 몰라라 하랴
꽃이면 꽃이지
예쁜 꽃 미운 꽃 따로 있나

포도 터널

용두공원 가는 언덕 길
포도 터널, 머리 위 포도
주렁주렁 탐스러운 하늘 포도

동글동글 만지면 터질 듯
싱그러워 알알이 정다워
위를 보아도 포도
앞을 보아도 포도

향토 자랑
고향의 명물 포도
포도알 익어 가는 날
마음도 살쪄 흐뭇한 날

알알이 다른 듯 같아
한 덩어리, 우리 서로 다르나
"하나 돼라"라는 가르침 같아

포도 터널 걷는 길
산책길, 건강의 길
포도의 계절
한시적인 포도 터널
포도로 터널 이뤄
철 지나면 앙상한 터널
외로워 어찌할까

나무는 말한다

더우니 땀 닦아 달라 했나
추우니 옷 입혀 달라 했나
비 오면 비 맞고, 눈 오면 눈 맞고
바람 불면 껴안으며, 바보처럼 산 지켜

재앙 막아 충성하나
칭송도 없는 그대들에게
배신감은 사치였나

잘나면 재목으로 잘리고
못나면 산을 지키는
기구한 운명, 그대들의 편의 위해
사랑 베풀어도 사랑해 달라는 하소연 없이
여름엔 더위를, 겨울엔 혹한을 견뎌 왔다

외로움에 지쳐도
해님 사랑으로 위로받고
아름다운 산야의 수해 막는 지킴이로
묵묵히 산에서 살다가
흙으로 이별하는 게 꿈인데

훌륭한 재목감이라며
흉기로 내 심장에 상처를 내다니
나의 고통, 그대들은 아는가
배은망덕의 배신감을 아는가

고목

마을 입구 고목 한 그루
130년 수령의 둥구나무
마을 역사보다 30년 앞서
최고령 산증인

모진 비바람 눈보라에도
꿋꿋이 버티어 온 기개

세월에 심장이 뚫렸으나
봄이면 새잎 돋아 봄 알리고
어려움에도 기죽지 말라며
오랜 세월 지켜 온 문지기

목마르다, 물 달라 조르던가
묵묵히 마을 지켜 온 수문장
긍지로 버티는 고마운 고목

긴 세월 버티기 힘들었나
태풍이 몰아치던 날
고목은 드디어 쓰러졌다
마을엔 슬픈 날이었다

세월엔 이길 수 없었나 보다
마을 지켜 준 수문장 가던 날
하늘도 슬펐는지 먹구름이…

봄의 선물

텃밭의 봄소식 전령사
봄비 맞으며 얼굴 내민 상사화
모진 겨울 어찌 이겨 내고
봄을 알리려 고개 드는가

연약한 난초 잎에
초롱초롱 맺힌 빗방울
영롱해서 아름다워라

사랑하면서
만나지 못하는 상사화
올봄엔 만날까, 그리움에 못 잊어
내민 얼굴에 반가운 봄비

얼굴에 묻은
흙 닦으려 봄비 내리는가
흙은 가뭄으로 인한 목마름에
발을 동동 구르다 봄비 반가워
기지개 켜고 손 흔들어

산불 진화에 며칠간 안간힘
하늘은 봄비를 촉촉이 내려
진화하였네

목말라 애타는 지상에
내리는 봄비
갈증 해소, 진화엔 1등 공로자

봄비의 미소

봄은 꽃으로
봄이 왔어요, 소식 전하고
봄비는 묵은 먼지 털며
꽃망울에 초롱초롱 첫인사

코로나19로 움츠렸던 허리
감염될까 위로하러 온
봄비의 미소

봄비 만난 새싹들
첫 만남 수줍어
기쁨의 눈물, 이슬 맺혀
흙을 털며 옷깃 여미네

산책길 공원의 봄비
우산 없이 걸어도
얼굴에 스치는 빗방울
정다운 연인의 미소 같아

예쁜 얼굴 가리던 마스크
훌쩍 벗어 던진 봄비
옛 친구 만나듯 반가워

봄이 왔는데 봄 같지 않던 봄
봄비가 묵은때 씻어 주고
마음을 정갈케 하니, 봄비는 비가 아니라
눈물 닦아 주는 손수건인가

그림의 떡

봄바람은
겨울 이긴 인고의 보람
봄 처녀의 따스한 치맛자락
살며시 살결 스치는
새싹 틔우는 봄소식

여름바람은
봄바람과 작별 위해 입 맞추며
산에는 녹색으로
들에는 일손의 땀 씻어 주고
피곤에 지친 우리를
산으로 바다로 유혹

가을바람은
오곡백과 무르익으라
알알이 스며들어
노고의 대가를 수확으로
풍요를 만끽하라는 축제

겨울바람은
따뜻한 아랫목에서 오순도순
가정에서 행복 찾으라고
밖에서 안으로 부는 가정의 바람
무대가 훌륭해도 활용 못 하면 그림의 떡

미운 바람아

바람 소리 요란해
문을 여니 바람은 안 보이고
나무 흔들리는 소리

따스한 바람
봄소식인가 했더니
벌써 봄바람 밀어내고
여름 온다며 문 활짝 열란다

너는 더위 식히러 왔다지만
선풍기, 에어컨에 손들고
문명에 패배한 열등감
소리 없이 자취 감춰

너는 흔적 없이 사라지다가
가을 못 잊어 또 찾아와
더운 여름 못다 함 아쉬워
옷깃 여미는 바람으로

너는 오려면 조용히 왔다 가지
세월까지 가져와
세월은 놓고 너만 가나

계절마다 찾아와 마음 흔들고
흔적 없이 사라지니
짓궂은 너, 미운 바람, 바람아!

먹구름

양떼구름이 수놓을 땐
마음도 구름 타듯
구름이 날 싣고
하늘을 나는 꿈을 꾸죠

그런데 갑자기 심술궂은
질투의 먹구름이 나타나
양을 내쫓고 검정색으로

하늘을 도배하자마자
순식간에 호우로 변해
환한 얼굴도 먹구름으로
온 천지를 긴장케 하죠

그래도 가뭄에는
강우로 환영을 받다가
때로는 폭우로 불안을 조성
희비의 양 날개로 시험하죠

너는 시커먼 그림자로
마음까지 침투, 숨어 있다가
마음 상할 땐 불쑥 튀어나와
우리를 온통 괴롭히기도
너는 어서 가고
천사로 변해 오면 안 되려나…

자연의 배신

그토록 기다리다가
가뭄에 들녘 곡식은 배고파
계곡은 메말라 타오르고
나뭇잎은 갈증으로 애탔는데

하늘은 기다렸다는 듯
성난 맹호처럼
무섭게 집중 호우, 물 폭탄
저수지는 범람, 세상은 물바다

문명으로 빛나던 도시 한복판
배수가 막혀 물바다
원시로의 회귀, 삶을 앗아 가
문명에 자만하던 현대인의 긍지
만신창이 되던 날

치산치수 노래하지만
예측하면서도 예방 못 해
소 잃고도 외양간 안 고쳐
네 탓으로 탓 타령

고마운 비가 증오로 변해
자연도 관리가 부실하면
배신하는 것
사랑도 주어야 받는 것인데

파도의 도전

으르렁거리며 삼킬 듯 밀려와
바위에 부딪치며 솟아올라
그래도 화가 풀리지 않아
흰 거품이 회오리로 솟구쳐

광활한 바다 어부들 삶의 터
생사를 건 치열한 바다
크고 작은 배들
아파트 같은 크루즈 여객선
아래는 수많은 어류들의 세상
먹고 먹히는 약육강식의 현장

높이 멀리 소리쳐도
대답 없는 망망대해
육지가 그리워 찾아와도 푸대접
태풍 만나 참았던 울분 치솟아

나의 분노를 정열적이다
아름답다고 찬사를 던질 때면
위선에 정면 도전, 파도로 한풀이

파도가 부서지는 날
나는 바다의 수호신으로
자만하며 엄숙하다가
캄캄함 밤, 고독에 슬피 울기도

낙엽의 색깔

초록이 파랑
늦가을 총천연색 곱게 물들여
가을 소식 전령사
나는 색깔로 말해요

해님의 빛 받아 효심 바치고
떠날 때를 알고
미련 없이 바람 따라 이별

색깔이 나의 일생
입은 옷 초라하기 전에
엄마 곁을 떠나요

헤어지기 슬퍼
얼굴에 무지개 화장하며
잊지 말자, 진한 황색
굿바이 하며 바람과 함께

엄마에게 받은 은혜
도로 갚으며 추운 겨울
마지막 효도, 엄마는 아시죠

저는 떠날 때를 알고 있어요.
밀려서 떨어지는 바보 아녜요
나는 색깔을 가슴에 안고
엄마 곁으로 갈 거예요

낙과(落果)의 슬픔

텃밭의 단감나무, 오직 한 그루
바람이 불지도 않는데
감 떨어지는 소리, 가슴이 덜컥

아기자기하게 달려 있어
사이좋게 지내 오나 했는데
떨어질 땐 매정하게
석별의 정도 의리도 없어

거름 주고 솎으며
정성 들여 가꾸었는데
서투른 주인 알았는지
실망하여 낙과한다
너흰들 얼마나 슬프겠나

무녀리도 알고 떨어져
남은 감 잘 크라 하는데
너희들은 낙과할 때를 알아
우리만 모르는 거야

적자생존, 치열한 싸움의 패자
너희는 낙과하기 전
희생을 아는가 보다
적자라도 살아남으라며
미련 없이 홀홀히 투신하니까…

하얀 눈

밤사이 첫눈이 내렸어요
낙엽으로 가을 왔구나 했는데
가을은 너무 짧아
오는 듯 가고 겨울 왔군요

1년간 쌓인 스트레스
마음의 그늘 씻고
깨끗이 잊으라고
하얗게 내렸나 봐요

하늘은 세상의 그늘을 알고
놀랐나 봅니다
눈을 보내 씻어 주고
눈이 스르르 녹듯이
갈등, 원망 녹여 잘 살라고

눈은 많거나 적거나
높거나 낮거나 가릴 것 없이
고루고루 사뿐히 내리죠
눈은 평등을 알고 있나 봐요

눈은 천사처럼 평화롭고 자비롭게
소리 없이 온 세상 포용
조용히 내리다 사라지면서
나처럼 맑고 깨끗하게 살라 하네

여 적(餘滴)

주어진 詩題의 틀에서 詩를 쓰다 보니 제한적이어서
하고 싶은 말을 다 하지 못한 아쉬움이 있어 다음에
두 편의 長詩를 추가로 싣습니다.

이 시는 이미 모교인 『高大法大 虎法會報』에 실렸던 것을
일반화하여 다소 수정한 것입니다.

인생 여정(旅程)

1. 희 망(希望)

"희망은 날개 달린 것"이라는
어느 시인의 말은 언어의
창조요, 삶을 달관한 철학
희망을 촌철살인으로 표현
감동시키니 감사한 일이죠

초록이 봄을 예찬할 무렵
청운의 꿈을 품고
젊음의 낭만, 날개 달고
푸른 창공 바라볼 때
그곳은 희망의 하늘
그리움의 목표였지요

그 여정의 출발 험난해도
돌파하고 씩씩하게
뚫고 나갈 패기, 젊음의 정열
희망이 천지를 진동

인생 여정은 희망의 깃발로
희망의 날개, 멀리 높이 날아
희망의 씨 심고, 싹이 돋고
꽃이 피어 열매를 맺는 출발은
야무진 희망의 설계로 시작하죠

2. 도 전(挑戰)

희망의 씨 심고 가꾸는 건
목표 설정, 실천 위한 도전
흐르는 물의 지푸라기
방해꾼 돌멩이를 치워
제거하려는 도전의 노력이지요

장애를 이기면 또 장애
평탄할 수 없는 삶이기에
도전을 포기할 수 없지요
도전은 뜻을 이루어 가는 과정
도전 없는 결실은
보람도 없을 것입니다

인생의 험난한 여정에서
문제점 발견되면 이를
해결하는 도전 정신
도전의 도전도 극복해야

열매의 수확은 우연이 아닌 것
심고 가꾸고 도전을 이긴 보람
파도가 밀려오면 막고
재해가 닥쳐오면 지혜로 극복
도전하며 극복하는 끈기 있어야

3. 성 숙(成熟)

씨는 싹이 터야
꽃봉오리는 꽃이 피어야
열매는 익어야 하듯
누룩도 숙성해야 제맛 나듯
성숙의 과정 없다면 부실한 것

우연한 만남이 필연 되는 것도
각고의 노력으로 이루어지는 것
하나가 둘 되고 셋, 넷 되는 것
발전하여 화목을 이루는 것도
다듬고 다듬은 결과
얻어진 성숙의 결과입니다

역지사지, 타산지석
공익과 사익의 조화
모두가 성숙을 위한 과정
역사와 문화의 실적입니다

화학적 결합이 인격으로 승화
질서를 유지, 화목 평화의 조성도
인성 문화의 소산이요
인격의 향기가 사랑의 요소로
익히며 참아 온 성숙의 결과
입니다

4. 결 실(結實)

가을은 추수의 계절
자연과 조화를 이루어
열심히 일한 만큼 얻는 결실
농부의 밝은 표정
뿌린 만큼 수확하는 정직성

인생 대차대조표
손익계산서, 증감 없이
이룬 대로 거두는 성적표
누구에게 보이려 함도 아닌
나를 과장하는 위선도 아닌
내가 나에게 양심의 거울로

무한은 신(神)의 경지
인생의 여정이 화려해도
영겁(永劫)의 세월에
점 하나도 못 되는 유한인데

보이기 위한 결실을 떠나
내가 얻은 맑고 밝은 결실
빛이 나고 향기 나면
성공한 결실
축복받을 성적표입니다

빛과 그림자

빛은 인류에 베푸는
천혜의 선물, 창조론에
엄숙해지는 순간
천지조화에 우연이란
있을 수 없는 것

빛과 그림자
그림자는 빛의 속성
불가분의 종속 관계
빛의 광채는 다양하나
그림자는 흑색으로
천연색 통합하는 마력

빛은 광채로 화려하지만
그림자는 이를 압도
흑색으로 변환술에도 능란
빛은 그림자를 동반
그림자의 모체는 빛이어도
그림자는 빛에 굴종 없어

빛은 구름에 가려도
그림자는 옆을 지키며
함께 출연하는 연기력
그림자에겐 배신은 없어

빛의 증거는 그림자
주종(主從) 관계
종이 주를 배신하는
세상에 경종
세상은 몰라라 외면
빛이 보고 있는데
우리만 몰라라 해

빛의 증거는 그림자
주종 관계이나
주가 종을 종속시키거나
종이 주를 배신하지는 않는
의리 관계

동녘에 떠오르는 빛
휘황찬란하게 과시
우주를 밝히려 하늘 누빌 때
그림자는 겸손하게 뒤따르다
수줍어 산 뒤에 숨어
있어도 없는 듯 침묵

빛이 정오에
머리 위를 비출 땐
나를 흑색으로 채색
빛과 그림자를 일체화
빛에 그림자는 완전 동화
하나임을 증명

빛은 말이 없으나
그림자는 다양한 반응
자연의 신비 놀라워
빛과 그림자 두려워

빛은 어두운 곳
밝혀 주고
밝은 곳 빛내 주는
보편적 시혜
그림자는 가감 없이
기록하고 증언하고 있어
그림자는 충직한 증인이야

늘 그러려니 방심하는 사이
빛이 서녘으로 휴식하면서
성찰의 시간 주고
그림자는 여유로 기다려

빛은 우리가
배은망덕해도 모르는 듯
체념하다가 잉태한 그림자가
역사를 증언

인과응보
하늘의 뜻 알면
우리는 이미
겸손, 미덕으로 체화(體化)
그림자를 두려워 않겠지

빛은 도덕, 양심, 정의로
문화적 변용(變容)
세상을 밝히고
방향을 제시하나

우리는 알아도 모르는 척
시의에 따라 흔들려
빛은 잠시 가려질 뿐
사라지지 않는데

우리는 춘하추동
세월의 변화 만끽하면서
그림자엔 무관심
그림자는 알아도 모르는 듯

빛은 피할 수 있어도
그림자는 피할 수 없어
그림자는 빛과
숙명적으로 불가분

빛은 원천
그림자는 부수이나
역사의 증인
시소 없이 수반하므로

빛의 은혜
자연이라고 등한시하는 사이
그림자는 기록으로 저장
침묵하나 빛으로 전환
밝힐 날 오리라

빛이 시혜를 베풀어도
그림자는 모르는 듯 잠을 자나
어둠의 빛으로 깨어나면
진실을 밝힐 것

빛은 세상을 밝혀도
자기 과시 없는 침묵
그림자는 피동적이나
빛을 등지는 배신은 없어

빛은 정의 상징
불의를 발본색원
양화를 구축하는
악화를 깨끗이 멸해 주소서